# 大学生就业与心理健康指导研究

李莹 著

北京工业大学出版社

图书在版编目（CIP）数据

大学生就业与心理健康指导研究 / 李莹著． — 北京：北京工业大学出版社，2018.12（2021.5 重印）

ISBN 978-7-5639-6677-6

Ⅰ．①大… Ⅱ．①李… Ⅲ．①大学生－就业－研究②大学生－心理健康－健康教育－研究 Ⅳ．① G647.38 ② G444

中国版本图书馆 CIP 数据核字（2019）第 023849 号

## 大学生就业与心理健康指导研究

| | |
|---|---|
| 著　　者： | 李　莹 |
| 责任编辑： | 张　贤 |
| 封面设计： | 点墨轩阁 |
| 出版发行： | 北京工业大学出版社 |
| | （北京市朝阳区平乐园 100 号　邮编：100124） |
| | 010-67391722（传真）　　bgdcbs@sina.com |
| 经销单位： | 全国各地新华书店 |
| 承印单位： | 三河市明华印务有限公司 |
| 开　　本： | 787 毫米 ×1092 毫米　1/16 |
| 印　　张： | 12.5 |
| 字　　数： | 250 千字 |
| 版　　次： | 2018 年 12 月第 1 版 |
| 印　　次： | 2021 年 5 月第 2 次印刷 |
| 标准书号： | ISBN 978-7-5639-6677-6 |
| 定　　价： | 59.80 元 |

版权所有　翻印必究

（如发现印装质量问题，请寄本社发行部调换 010-67391106）

# 前　言

近年来，随着社会的快速发展与国际经济文化交流的加深，不同的思想、价值观对大学生的冲击与影响日益加剧。此外，择业就业的压力、家庭环境的变故、不良网络信息的充斥、越来越复杂的人际关系等各种因素，对于心理尚未成熟的大学生来说，往往会产生很大影响。大学阶段是个人进行科学文化知识学习，积累社会经验，学习为人处事的重要时期，更是树立正确的人生观、价值观、世界观，形成完整人格的关键阶段，这一时期对个人今后的发展起着至关重要的作用。

目前，我国高等教育进入了大众化阶段，大学毕业生的人数正在逐年增加，大学生能否顺利就业越来越受到社会各界及毕业生本人的高度重视。就业是大学毕业生所面临的重大抉择，是其人生的重大转折，但目前不容乐观的就业形势给大学生带来了很大的思想、心理压力，也给部分大学造成生了诸多障碍，这既不利于就业，也影响了大学生的工作和学习。因此对大学生的诸多问题进行心理疏导，有着至关重要的作用。

全书共八章。第一章为绪论，主要阐述了大学生常见心理问题与心理健康概述、大学生的生理和心理发展特征以及大学生就业指导与心理调适等内容；第二章为大学生就业现状与心理问题，主要阐述了当前大学生的就业形势分析、当前大学生的就业制度分析以及大学生存在的心理问题等内容；第三章为大学生职业生涯规划概述，主要阐述了生涯规划的意义、职业生涯规划的相关理论、原则与方法以及职业生涯规划的影响因素等内容；第四章为大学生如何应对就业心理冲突与挫折，主要阐述了就业的心理冲突、就业的心理挫折以及就业心理冲突与挫折的调适等内容；第五章为大学生择业过程中的心理问题与调适，主要阐述了大学生择业的心理准备、大学生择业应具备的心理素质以及大学生择业过程中常见的心理问题及其调适等内容；第六章为大学生就业过程中的准备与相应技巧，主要阐述了大学生的就业准备和大学生的就业技巧等内容；第七章为大学生的职业心理适应与自我调整，主要阐述了职业心理适应、环境与角色转换、职业能力培养与锻炼以及职业适应心理问题与调适等内容；第八章为当代大学生心理健康，主要阐述了大学生心理健康概述、大学生心理咨询与心理治疗以及当代大学生的自我心理调节等内容。

本书约 20 万字，由菏泽医学专科学校李莹撰写。为了确保研究内容的丰富性和多样性，作者在写作过程中参考了大量资料，在此向涉及的专家学者表示衷心的感谢。最后，由于作者水平不足，加之时间仓促，本书难免存在疏漏和不足之处，在此恳请读者朋友批评指正！

# 目 录

## 第一章 绪 论 ……………………………………………………… 1
第一节 大学生常见心理问题与心理健康 ………………………… 1
第二节 大学生的生理、心理发展特征 …………………………… 6
第三节 大学生就业指导与心理调适 ……………………………… 9

## 第二章 大学生就业现状与心理问题 …………………………… 23
第一节 当前大学生的就业形势分析 ……………………………… 23
第二节 当前大学生的就业制度分析 ……………………………… 32
第三节 大学生存在的心理问题 …………………………………… 39

## 第三章 大学生职业生涯规划概述 ……………………………… 43
第一节 生涯规划的意义 …………………………………………… 43
第二节 职业生涯规划的相关理论、原则与方法 ………………… 50
第三节 职业生涯规划的影响因素 ………………………………… 62

## 第四章 大学生如何应对就业心理冲突与挫折 ………………… 67
第一节 就业的心理冲突 …………………………………………… 67
第二节 就业的心理挫折 …………………………………………… 72
第三节 就业心理冲突与挫折的调适 ……………………………… 76

## 第五章 大学生择业过程中的心理问题与调适 ………………… 81
第一节 大学生择业的心理准备 …………………………………… 81
第二节 大学生择业应具备的心理素质 …………………………… 91
第三节 大学生择业过程中常见的心理问题及其调适 …………… 98

## 第六章 大学生就业过程中的准备与相应技巧 ………………… 111
第一节 大学生的就业准备 ………………………………………… 111

· 1 ·

第二节　大学生的就业技巧 ································ 129

**第七章　大学生的职业心理适应与相关自我调整** ················ 149
　　第一节　职业心理适应 ···································· 149
　　第二节　环境与角色转换 ·································· 151
　　第三节　职业能力培养与锻炼 ······························ 153
　　第四节　职业适应心理问题与调适 ·························· 158

**第八章　当代大学生心理健康** ································ 163
　　第一节　大学生心理健康概述 ······························ 163
　　第二节　大学生心理咨询与心理治疗 ························ 164
　　第三节　当代大学生的自我心理调节 ························ 181

**参考文献** ················································ 191

# 第一章 绪 论

当代大学生面临着学习、就业以及人际关系等各方面压力，如果处理不当，就会影响其心理健康，造成心理危机。高校作为培养适合社会的技能型人才的重要基地，应全面贯彻党的教育方针，重视加强和改进大学生心理健康教育，促进大学生全面发展。目前，一些高校已逐渐意识到大学生心理健康教育普及的重要意义，从而对大学生的心理行为特点进行分析，形成完整的教育对策，从而提高大学生的心理素质，使其更好适应社会。

## 第一节　大学生常见心理问题与心理健康

### 一、大学生心理问题

通过大学生人格问卷（UPI）和症状自评量表（SCL-90）调查发现大学生心理健康状况总体形势较好，通过分析得出大部分学生心理积极向上，但是也有小部分学生存在不同程度的心理问题，具体如下。

#### （一）懒散心理

进入大学后，大多数大学生都希望在新的学习环境中使自己占有一席之地。但在实际的大学学习中，由于入校成绩稍差，高中基础薄弱，以前的学习方法不能更好适应大学学习，尤其是大学生课程任务重，加上自己逻辑思维、主动分析问题能力差，导致其厌学情绪严重，懒散心理日渐形成。

#### （二）自卑心理

大学生的自卑心理主要表现为心理承受能力较差和生活贫困所造成的自卑心理。由于某些学校和家长过分重视智力因素培养，从而容易忽视学生心理健康。大学生自我调节与社会适应能力差，一旦遇到挫折，就出现情绪低沉、自卑、抑郁等问题，或者有的学生处理问题易冲动，对社会造成负面影响，也严重影响自身心理发展。生活贫困造成的自卑心理在大学生中也普遍存在，一些家境贫困学生进入大学后，看到自己与其他同学物质生活差距，相处时常常因敏感而产生强烈自卑心理，往往采取逃避、孤立的方法，严重者甚至逐渐发展成自闭症、抑郁症等心理疾病。

### （三）紧张心理

人际关系是人与人在交往中建立的心理联系，人际关系和谐是心理健康的一个重要标志。大学生应正确处理与老师、同学之间的人际关系，建立良好的人际关系。大学生来自祖国各地，渴望建立良好的人际关系，但有的学生因缺乏与人交往和相处的经验，从而导致其在人际交往过程中遭受挫折，主要表现为与他人沟通不良、产生矛盾，而陷入苦闷、孤独和焦虑等不良情绪，导致人际关系紧张。严重者会导致自闭偏执等心理问题，从而诱发其他心理疾病。

### （四）焦虑心理

近年来随着社会的发展，高校就业形势日趋严峻，面对人才市场的激烈竞争，大学生受到专业和自身能力限制，面对用人单位诸多严格的招聘条件，学生在择业选择与被选择过程中，常常会出现焦虑、迷茫与不安，以致部分大学生在毕业前期产生较大的精神和心理压力，甚至会干扰正常的学习与生活，影响身心健康。

## 二、大学生心理健康

### （一）健康的含义

1946 年，世界卫生组织（WHO）在其《世界卫生组织宣言》中明确指出健康不仅是没有疾病和虚弱现象，而且是一种个体在身体上、心理上、社会上完全安好的状态。由此可见，健康应包括生理、心理和社会适应等几方面。一个健康的人，既要有健康的身体，还应有健康的心理和行为。只有当一个人身体、心理和社会适应都处在一种良好状态时，才是真正的健康。根据现代生物—心理—社会医学模式，世界卫生组织确定了个体健康的 10 项标准。

①有足够充沛的精力，能从容不迫地应对日常生活和工作的压力而不感到过分紧张。

②处事乐观，态度积极，乐于承担责任，事无巨细，不挑剔。

③善于休息，睡眠良好。

④能够抵抗一般性感冒和传染病。

⑤应变能力强，能适应环境的各种变化。

⑥体重适当，身材匀称，站立时头、臂、臀位置协调。

⑦眼睛明亮，反应敏锐，眼睑不发炎。
⑧牙齿清洁，无空洞，无痛感，齿龈颜色正常，无出血现象。
⑨肌肉、皮肤富有弹性，走路感觉轻松。
⑩头发有光泽，无头屑。

### （二）心理健康的含义

心理健康有广义和狭义之分。广义的心理健康是指一种高效而满意的、持续的心理状态；狭义的心理健康是指人的基本心理活动过程与内容完整协调一致，即认知、情感、意志、行为、人格完整和协调。基于以上观点，我们认为心理健康是指个体在适应环境的过程中，生理、心理和社会性方面达到协调一致，可保持一种良好的心理功能状态。

所谓良好的心理功能状态，并不是绝对的，而是相对的，即个体心理在自身和环境条件许可的范围内所能达到的最佳心理功能状态，而不是绝对完美的心理功能状态。良好心理功能状态的相对性包含两层含义：一是个体的心理与大多数人相比，其心理功能是正常的；二是心理健康与心理疾病是心理功能状态这一序列的两极，是一种相对关系，并不是一种非此即彼的关系。

保持良好的心理功能状态，必须符合以下几项基本原则。

①心理活动与客观环境的同一性原则。其是指心理活动不论在形式上还是内容上都应与客观环境保持同一。失去同一，即失去平衡，则心理失调，行为异常。例如，青少年、儿童富于想象，幻想未来，无疑是正常现象，但若一个儿童整天想入非非甚至产生幻觉，则是心理异常的表现。

②个性特征的相对稳定性原则，即一个人在长期的生活经历中形成的个性心理特征具有相对稳定性。但是，如果在外部环境没有巨大变化的情况下，一个人的个性出现明显变化，就应考虑其心理活动是否出现异常，如一个平常热情活泼的人，突然变得沉默寡言、一反常态，这就是心理异常的表现。

③心理过程之间的协调一致性原则，即一个人的认知、情感、意志等心理活动保持与自身的完整统一、协调一致，保证心理活动能准确有效地反映客观现实。如果一个人失去这种协调和统一，必然会出现心理异常。例如，一个人对令人愉快之事却表现出冷漠，而对使人痛苦之事却表现出欢迎，这就是心理异常地表现。

### （三）心理健康的标准

**1. 统计学标准**

统计学标准依据对大量正常心理特征的测量取得一个常模，把当事人的心理与常模进行比较。这个标准更多应用于心理学研究之中。一般而言，我们都要将个体的心理测验结果与常模对照，来判断其心理健康状况。

2. 社会适应标准

社会适应标准以社会上大多数人的常态为参照标准，观察当事人是否适应常态而对其心理是否健康做出判断。如根据生理、心理与社会性发展的程度，大学生应当具有独立生活与处理生活中各种事务的能力，而有的大学生生活能力低下、不能打理自己的日常生活，这就需要引起重视，看其是否有心理问题。

3. 经验标准

经验标准即当事人按照自己的主观感受来判断自己的健康，研究者可凭借自己的经验对当事人的心理健康进行判定，重在关注当事人的主观心理感受。由于个体先天的遗传及后天的环境不同，经验标准更强调其个别差异。同样的生活事件，当事双方由于自我认知不同和自我体验不同，因此自我评价也不尽相同。

4. 自身行为标准

每个人在以往生活中形成的稳定的行为模式，即正常标准事实上，心理健康与否，其界限是相对的，企图找到绝对标准是不现实的。

## （四）大学生心理健康的标准

大学生的年龄一般在18～25岁，心理学上称此年龄段为"青年中期"。大学生的心理具有青年中期的许多特点，但作为一个特殊群体，大学生又不能完全等同社会上的青年。心理是否健康一般采用量表测量，其标准也不是固定不变的，它随着时代变迁、文化背景的变化而变化。根据我国大学生实际情况，评判大学生的心理健康水平应从以下几个标准给予着重考虑。

一是智力正常。智力是人的观察力、注意力、记忆力、想象力、思维力、创造力及实践活动能力等的综合，包括在经验中学习或理解的能力、获得和保持知识的能力、迅速而成功地对新情境作出反应的能力、运用推理有效解决问题的能力等。这是大学生学习、生活与工作的基本心理条件之一。

二是人格完善。人格是个体比较稳定的心理特征的总和。人格完善就是指有健全统一的人格，个人的所想、所说、所做都是协调一致的。人格完善包括人格结构的各要素完整统一；具有正确的自我意识，不产生自我同一性混乱，以积极进取的人生观作为人格的核心，并以此为中心把自己的需要、目标和行动统一起来。

三是情绪健康。其标志是情绪稳定和心情愉快。其具体包括愉快情绪多于负性情绪，乐观开朗、富有朝气，对生活充满希望；情绪较稳定，善于控制与调节自己的情绪，既能克制又能合理宣泄自己的情绪，情绪的表达既符合社会的要求又符合自身的需要，在不同的时间和场合有恰如其分的情绪表达；情绪反应与环境相适应，反应的强度与引起这种反应的情境相符合。

四是意志健全。意志是人在完成一种有目的的活动时进行选择、决定与执行的心理过程。意志健全者在行动中自觉性、果断性、顽强性和自制力等方面都表现出较高的水平。意志健全的大学生在各种活动中都有自觉的目的性；能适时做出决定并运用切实有效的方式解决所遇到的问题；在困难和挫折面前，能采取合理的反应方式，能在行动中控制情绪并言而有信，而不是盲目行动、畏惧困难、顽固执拗。

五是自我评价正确。正确的自我评价是大学生心理健康的重要条件。大学生在进行自我观察、自我认定、自我判断和自我评价时，能做到自知，即恰如其分地认识自己，摆正自己的位置；既不以自己在某些方面高于别人而自傲，也不以某些方面低于别人而自卑；能接纳自己、自尊、自强、自爱适度，正视现实，积极进取。

六是社会适应正常。个体适应与客观现实环境要保持良好秩序，既要进行客观观察以取得正确认识，以有效的办法应付环境中的各种困难，不退缩，又要根据环境的特点和自我意识情况努力进行协调，或改变环境适应个体需要，或改造自我适应环境。

七是人际关系和谐。良好而和谐的人际关系，是事业成功与生活幸福的前提。其表现为乐于与人交往，既有广泛的人际关系，又有知心朋友；在交往中保持独立而完整的人格，有自知之明，不卑不亢；能客观评价别人和自己，善取人之长补己之短，宽以待人，乐于助人，积极的交往态度多于消极态度，交往动机端正。

### （五）如何把握心理健康标准

要理解心理健康，需掌握三个标准，即相对性、整体协调性和发展性。

#### 1. 相对性

心理健康状况是一个相对的概念，即心理健康只有在与同一年龄的人心理发展水平的比较中，才能显现其价值。而人与人之间的个别差异，地域与地域之间、民族与民族之间、国与国之间的社会文化背景差异，又决定了心理健康标准不能绝对化。

### 2. 整体协调性

人的心理健康是指一种持续的、积极的心理状态。判断一个人的心理健康状况，不能仅根据一时一事下结论。心理健康是较长一段时间内持续的状态，但心理健康者并非毫无瑕疵。一个人偶尔出现一些不健康的心理和行为，并不意味着此人心理一定不健康。

### 3. 发展性

我们应将目光投向发展的健康观，即更多的大学生在发展中面临的许多人生课题、心理危机与心理困难都是在发展的大背景下产生的。有的心理困惑属于某一群体所特有的，比如大学生的人生期望、职业抱负、学业期待引发的情感困惑、就业压力、学业压力等都需要应对。有些心理问题具有阶段性，当个体心理成熟后会自愈。

据此，人的心理健康水平大体可分为三个等级。

其一，一般常态心理。其表现为心情经常愉快，适应能力强，善于与别人相处，能较好完成与同龄人发展水平相适应的活动，具有调节情绪的能力。

其二，轻度失调心理。其表现为不具有同龄人所应有的愉快，与他人相处略感困难，生活自理有些吃力。若主动调节或通过心理辅导专业人员的帮助，就会消除或缓解心理问题，逐步恢复常态。

其三，严重病态心理。其表现为严重的心理适应失调，不能维持正常的生活、工作。如不及时治疗就有可能恶化，成为精神病患者。

## 第二节 大学生的生理、心理发展特征

### 一、大学生的生理发展特征

18～25岁一般是我国青年在高校接受教育的时期，此阶段青年的生理发育由迅速发展逐渐缓慢下来直至停止生长，因此我国大学生身体的发展，大致是处于由第二次快速生长期进入稳定期的阶段。其特点是生理发育趋于平缓和成熟，身高、体重等基本生理指标处于平稳状态；大脑及神经系统已基本发育成熟，大脑皮质的兴奋与抑制已达到较好的平衡，智力的发展水平正处在人生发展的最佳时期；同时性的发育处在成熟和完善阶段。这个阶段，正是人体机能旺盛，生机蓬勃地进入成人阶段的"前夜"。

## 二、大学生的心理发展特征

### (一) 大学生心理发展的一般特征

**1. 智力水平进一步发展**

智力是多种认识能力的综合,是个体为顺利完成各种活动所必须具备的一般性能力,如观察力、记忆力、想象力、创造力、思维力等。其中思维力是一般性能力的核心。

大学生的思维,逻辑思维占主导地位。他们通过专业知识学习,掌握较多的抽象概念、原理、定理和定律。在解决问题时,都要运用这种思维,因为这种思维能够较好地抓住事物的本质和关键,使问题得到妥善解决。

大学生具有较多创造者的个性特征,即有高度的自觉性,有新的观点和方法,能够把握事物和现象的本质,有不满足现状的精神,不迷信权威,并且有强烈的好奇心等。大学生通过系统的专业知识学习后,创造力会得到迅速提高。

**2. 自我意识进一步发展**

自我意识是指人对自己以及自己与周围关系的一种认识。它包括自我感觉、自我评价、自我监督、自我控制、自尊心、自信心等。大学生由于知识面的扩大和对社会生活理解的加深,他们有了强烈的了解自我的愿望。

其一,他们更加关注自身发展,关注现状和未来,通过对自身形象认识和描绘来设计自我发展。

其二,自尊心和自信心增强。他们能够进入高等学府深造,特别是当他们意识到,随着学习的不断深入,知识的不断积累,适应社会发展能力的不断提高,社会地位逐步上升,即将成为国家可造之才时,自尊心、自信心就表现得愈加明显。

其三,他们具备一定的自我评价、自我修正的能力。大多数大学生都能依据社会舆论导向和各种标准来衡量自己,对自己各方面的表现进行较为全面客观的评价,确认自己是否符合相应的要求和是否达到相应的水平,并能针对自己的实际情况进行自我修正和发展。

**3. 性意识的萌动和稳定**

大学生生理系统发育日趋成熟,第二性征进一步发展并进入性成熟期。他们性意识的发展也正处在进一步觉醒并趋于成熟和稳定的阶段。一方面大学生性意识发展已进入性的自然表露和性亲近阶段。男女大学生已不再为第二性征的出现感到羞涩甚至反感了,他们开始自然大方地通过各种形式表现性的魅力。另一方面,大学生性意识发展已趋于稳定,主要表现在大多数男女大学生对性别差异有了正确的认识,各种性知识、性观念基本达到成人水平,在日常学习、生活中能够较好地处理各种性问题。大多数的男女大学生在恋爱过程中对爱情的态度是严肃认真的,能够遵守爱情的道德要求,正确处理恋爱中遇到的各种问题;大多数大学生能够正确处理恋爱与学习、爱情与事业的关系,能够把主要精力放在学习上。

#### 4. 社会性情感得到发展

大学生在生理趋向成熟的同时,心理也经历着急剧变化,尤其是反映在情感上。他们的情感特别是高级的社会情感,如社会责任感、友谊感、道德感等有了较高的发展。各种情感可以在许多场合下不同程度地表现出来。社会责任感使一些大学生刻苦学习,以服务社会为己任。友谊感使他们喜欢交往,在同学之间结下牢固而深厚的友谊,并且异性友谊容易发展成为爱情。大学生的这种情绪和情感,带有明显的两极性,既表现为热情奔放,又表现为容易激动。其积极的一面是他们豪情满怀,勇往直前;消极的一面是遇事沉不住气,容易冲动和盲目狂热,常常为一些小事做出不理智的行为。这种情绪的不稳定、不成熟是大学生心理发展中难以避免的特征,因而是正常的。但这种状况如果不及时调节,势必会影响大学生的心理健康。

### (二)大学生心理发展的阶段特征

大学生在校期间的生活大致可以划分为三个阶段,即入学适应阶段、稳定发展阶段和准备就业阶段。在各个阶段中,其心理状况是不同的。

#### 1. 入学适应阶段

新生进入大学,从高考成功的喜悦中走出来,面对的是从中学生活到大学生活的一系列巨大的转变。生活环境、生活条件变了,学习的方式、方法变了,人际关系变了,这些改变使他们感到很陌生,难以适应。原有的习惯了的心理结构被打乱了,心理定式也被破坏了。在这陌生的环境中,新生只有努力去适应新的环境,建立新的心理结构,从而实现新的心理平衡。入学适应阶段是整个大学期间最困难的时期,适应不好,会影响到整个大学时期的生活。适应期的长短因人而异,适应能力强的人所需的时间短一些,一般来讲大约要一个学期。如果一个学年还适应不了新的学习、生活环境等,那么就说明其心理适应能力还有待提高。

#### 2. 稳定发展阶段

一般指大学二、三年级,这是大学生活全面深化和发展的阶段。这一阶段是大学生活最主要、最长久的阶段，基本上要持续到大学毕业前夕。在这一阶段，大学生基本适应了大学的生活，新的心理平衡已初步建立起来。同时，大学生会遇到许多新问题、新情况，需要自己做出应对和抉择。每个人都要遵循自身的特点，按照独特的方式塑造自己，从而充分展示出大学生极强的可塑性。当然，他们可能会碰到许多锻炼的机会，可能会收获克服困难获得成功的喜悦，也可能会遭遇困惑与苦恼而难以自拔。然而，多数大学生正是经过了种种磨炼而茁壮成长起来的。

**3. 准备就业阶段**

这个阶段是大学生从校园生活向职业生活过渡的阶段。此时的大学生已接受了严格的专业训练和独特的校园生活陶冶，自主感较强，自我意识也有了很大的提高，对未来的生活道路会产生种种设想，尽管这些设想多数可能与现实有一定的距离。面对又一次环境变迁、角色变化，大学生心理上将又起波澜。大学生在此阶段必须开始做走向社会的心理准备，进一步把握好自己在社会生活中的位置。这一阶段大学生面对着毕业后职业道路的选择，还有与朝夕相处的同学们的分别等。每个大学生的心理负担、心理冲突是不会少的。这个阶段往往是对大学生各方面素质进一步综合考验的阶段，同时又是进一步促进大学生心理成熟的阶段。

## 第三节　大学生就业指导与心理调适

### 一、国内外的大学生就业指导与心理调适

#### （一）西方国家大学生就业指导

在西方发达国家，由于其市场经济比较发达，劳动力市场发育相对成熟，因此在教育领域，尤其是在高等学校中，就有针对性地向学生开展职业指导和就业指导，以适应市场人力资源的合理配置需要。这些内容对我国大学生的就业指导与教育有一定的参考价值与借鉴意义。

就业指导作为一种引导大学生就业的形式，在西方各国由于高等教育管理体制、社会就业环境不同，而呈现出各自的特色。但是，随着现代世界经济一体化，西方各市场经济发达国家共同的国际化市场形成，各国就业市场也越来越显露出趋同化的特征。其主要表现为各国的就业市场目前都面临着高学历人员求职难的问题；各国就业市场中的人才需求方向、某一类人才的饱和度都有大致相同的趋向；由共同的市场机制所引导的人才市场行为，往

往都受内容大致相同的规范约束。由此,各国的就业指导形式,缘于这种相似的就业环境,也具有以下几方面的共同特征。

**1. 开展多样的就业服务**

开展多样的就业咨询、指导、教育和培训服务,是国外就业指导的主要特征。

在西方发达国家,人才资源的合理配置都是由市场调节来实现的,因此作为劳动力市场的个别具体的中介机构与大学就业指导部门,它们的基本功能也只是顺应市场的走势,围绕市场的动态变化来促进人才的合理流动。也正因为如此,这种功能更大限度体现为一种引导和服务,而不具有干预市场的倾向。因此,提供咨询,开展就业心理、技术训练,在大学生与就业部门间牵线搭桥是高校就业指导机构的主要工作。总括起来,国外高校就业指导机构的服务大体有以下几个方向。

①提供有关的就业信息咨询服务。由于西方国家高校大学生都是自主择业,就业方向、就业部门的选择和确定只有大学生本人才有权做出决断。而这个自我选择过程的依据,来自对与职业有关的方方面面信息的及时、全面分析与了解。因此,为大学生及时提供全面、丰富的就业信息,是高校就业指导机构的基本职能。

国外高校就业指导机构的信息提供有三种形式。

第一,设立专门就业指导资料室,对学生开放,如澳大利亚、日本和加拿大的许多大学就业指导机构一般都设有资料室,该室以印刷品、录音带、录像带、显微胶片以及计算机数据库等各种方式收集和储存大量有关就业信息。

第二,编辑发行就业信息刊物,散发给学生,如日本许多私立大学就业指导部门特别注重宣传的作用。他们通过印制这种刊物向学生提供有关职业的最新信息。同时刊物还经常刊载一些校友的忠告和建议、企业方面的要求以及专家的意见等,以此来启发引导和规范学生的求职行为。

第三,举办有关的活动,向学生说明就业问题,介绍单位情况、招聘要求等,如日本的就业讲座或就业说明会,澳大利亚的由招聘单位直接派人参加的信息发布会等活动。

②实施就业心理、求职技巧训练。就业心理和求职技巧或许在一般人看来只是一个浅层面的技术性问题,但在西方各大学就业指导中,它们却被认为是学生求职取得成功的不可缺少的条件。为提高大学生首次就业的成功率,各国高校的就业指导部门特别注意从心理、气质、形象、口头表达、人际关系、

个人目标以及工作责任心等多个角度去训练学生，按用人部门的选人标准，去塑造学生，以保证他们在与雇主初次见面或初步进入社会各部门时给人留下良好的"第一印象"，从而为他们的受聘创造更多的机会。

在这方面比较典型的有美国的"心理测试与训练"，澳大利亚和加拿大的"模拟招聘面试训练"等。尤其值得注意的是，在个别国家如日本，一些大学还采用就业模拟考试的形式，来训练学生准备参加的如公务员录用考试、教员录用考试等各类企业录用考试的能力。在国外求职技巧受重视程度，由此可见一斑。当然，过分看重求职技巧，就未免带有一种功利化的色彩，这是不足取的。

③向用人单位推荐大学生。作为一个中介机构，西方高校就业指导部门尤其重视与社会用人部门的双向沟通。其沟通渠道多元化，形式灵活多样。例如，日本各大学一方面主动为企业提供招聘咨询，向企业传递人才信息；另一方面，还注重通过开展有针对性的宣传活动以及组织学生与企业部门的人员见面等形式，向企业推荐自己的学生。其中最富有特色的形式是澳大利亚大学中每年两次的"就业之夜"和"校园会见"，这两项活动规模较大，服务周到，收效显著，深受学生和用人单位的欢迎。

**2. 大学生就业指导的专门机构化**

大学生就业指导的专门机构化，是各国就业指导的一个普遍特征。

在加拿大，许多高校成立了"学生顾问处"或"就业办公室"，全面负责学生的就业工作。该机构除了配备专门工作人员与企业有关部门进行联系外，还从企业界聘请顾问，对学生所提出的就业问题给予解释回答和提供帮助。

在美国，最早的大学就业指导机构是"职业介绍中心"或称"职业发展中心"。如今该类机构分布于全美许多大学以及社区学院中，承担着大学生的就业指导与咨询服务。另外，美国的许多名牌大学还设有"校友俱乐部"，这种俱乐部在举办各种开支巨大活动（如"校庆"等）的同时，还利用校友关系，向社会企事业各部门介绍大学生的情况。因而，通过校友引见或直接为校友所在部门聘用，是美国许多名牌大学生就业的一条捷径。

就业机构比较健全而且运转灵活自如的当属日本和澳大利亚的一些大学。在日本特别是一些私立大学中，都成立了就业科或就业部，专门负责学生的就业指导和咨询工作。澳大利亚的大学中负责为大学生进行就业咨询与服务的机构，称为"就业服务中心"或"就业中心"（简称CAS）。这两个国家大学就业指导部门在发挥其机构职能、提供服务方面的许多做法，是卓有成效的。

当然，在许多国家，就业指导机构不仅仅存在于高校之中。由于西方发达国家劳动力市场发育成熟，社会就业市场中也分布有许许多多带有营利性的就业指导机构。它们与学校的这些机构相互联系，共同承担着大学生的就业服务工作。在一些国家，甚至政府部门和一些民间的权威性机构也参与其中，如美国政府的"劳动统计局""卡内基高等教育委员会"等机构，经常对社会的就业结构和劳动力市场变化进行定期预测，为高校确立人才培养目标和大学生选择专业、择业提供指导。

需要说明的是，以上各国所建立的高校就业指导专门机构并非是行政性的机构。它们仅承担与就业有关的服务、咨询和研究功能，体现了这些国家人才的市场特征。

**3. 开展大学生就业市场研究和预测**

开展大学生就业市场研究和预测，是西方国家高校就业指导的共同的活动特征。

就业指导从形式上讲，它是高校人才培养活动的一个最终环节。但从活动的内容上看，它又是一个与高校其他活动相连续的、环环相扣的连锁循环中的环。这里有两方面的含义：一方面，高校的就业指导不能脱离学校的人才培养规格和专业方向；另一方面，由于就业指导活动的过程，体现为一个信息反馈的过程，它所反馈的信息又是高校确定和调整人才培养规格与专业方向，进而提高就业指导活动成效的一个重要依据。

**4. 对大学生进行就业指导是高校的重要职责**

大学生的就业指导，在许多国家已被视为高校的重要职责之一。

为了能够在社会的人才市场中占有一席之地，各高校往往都非常重视学生的就业问题，认为把大学生推向市场、送到其适合的岗位上是自己应尽之义务。

在日本，自20世纪50年代以来，私立大学得到长足的发展。目前，它们担负着在校大学生人数80%左右的高等教育任务。面对日本当今的生源危机，国立大学和私立大学间及私立大学自身之间，展开了争夺生源的激烈竞争。为保持自己在竞争中的有利地位，各校展开了广泛的宣传活动，其中就业指标是宣传活动中的一项重要内容。因此，如何指导学生的就业，甚至如何提高大学生的求职技巧，进行适当求职心理训练，都被日本高校视为一项重要的活动内容。

美国是个典型的分权制国家，由于历史的原因和其特殊的移民文化背景，高校在管理体制上保持着相当程度的自主，而自主所体现的自我发展、自我约束的机制，又是造成美国各公立和私立高校之间剧烈竞争的根本原因。其竞争的焦点在于学校的信誉，而这种信誉不仅来自学校的学术水平，更大程度取决于本校大学生的就业面和就业质量。因此，在美国作为高校与社会的中介环节——就业指导备受重视。

在法国，高校的就业指导特别是大学生的就业方向指导，甚至被政府以立法的形式确定下来，作为高校的一项重要的职责。例如，1984年法国《高等教育法》第五条规定："对学生的方向指导，包括向他们提供关于学习安排、出路和转换专业的信息。"第十四条又规定："使学生能够评价自己具备的各种水平和类型教育所必需的基础科学知识的能力，并搜集为选择职业所必需的情况……尊重学生的个人选择自由，指导他们准备进入所选专业第二阶段继续学习，或者在得到职称或文凭后就业。"在具体落实上，政府与大学间实行"国家大学合同制"，共同协商确立总体发展目标和制订计划，同时根据各校招生比例、学生合格率以及大学生就业比例等指标，给予相应的拨款。把大学生就业比例作为投资指标，客观上刺激了高校对本校大学生高就业率的追求，因而也使政府的立法本意落到了实处。

此外，在德国、加拿大以及澳大利亚等国家，就业指导也被作为高校在校教育活动的一个重要环节和义不容辞的职责而普遍存在。可以说，在现今的西方高校甚至社会中，开展对大学大学生的就业指导已成为一种规则。而且从目前高等教育大众化程度日趋加深以及不久的将来走向普及化的趋势看，就业指导的前景会越来越开阔。

### （二）我国大学生就业指导与心理调适的理念

就业指导是在大学生就业制度改革的背景下相对传统的大学生思想教育而提出的概念。在行政文件中，其最早出现于1989年国务院批准教育部的《大学生就业改革方案》。这一概念提出的思想基础是大学生就业逐渐实行"自主择业"，后来在《高等教育法》中又以法律条文的形式进行明确规定："高等学校应为其大学生和结业生提供就业指导与服务。"

从形式逻辑的角度看，对就业指导来说，其往往被理解成为就业而进行的指导，由于就业指导所涉及对象的外延不只是大学生，因此大学生的就业指导应是大学生的就业指导与心理调适。以下从四个规定体现大学生就业指导与心理调适应有的理念。

第一，就业指导与心理调适应人本化，以人的发展为主旨。社会上不同的职业都具有不同的因素，它们要求工作人员都具有一定的个人特质。因此，就业指导与心理调适试图为每种职业都做出一个明确地对人要求的标准，并试图编制出一套测试个人特质的工具。在长期的实践中，人们发现尽管一些职业的录用标准得以确定，心理测试的工具日臻完善、技术水准不断提高，但因职业种类繁多，并且职业发展演化迅速，因此难以确定各种职业所需的个人特质；另外心理测试工具的信度和效度也不尽如人意，受多种因素的影响，以此为基准的人职匹配过于客观化，而对人本身的诸如态度、期望、人格、价值观等择业主体的主观因素重视不够，这样的人职匹配是粗疏的，尤其是大学生在择业环节上要实现人职匹配更是十分困难。通过就业指导与心理调适把人配置到特定的职业上"一个萝卜一个坑"更是不现实的。但并非不需要人职匹配，职业与其适宜的劳动者相匹配，才能发挥其最大的社会效益。人职匹配能帮助求职者选择其适宜的职业，个人特长和潜能可以得到最大限度发挥。

第二，就业指导与心理调适应贯穿于学习生活的始终。人的职业兴趣与能力发展是个长期、连续的发展过程，职业选择不是在面临择业时才有的单一事件，而是一个发展过程，因而就业指导与心理调适应是一个长期的、系统的工作。从发展心理的角度看，人的童年时期就孕育了职业选择的萌芽，随着年龄、资历、教育等因素的变化，人们职业选择的态度、期望、兴趣也会发生变化。发展性职业指导理论认为，职业发展如同人的身体和心理发展一样，可以分为几个连续的发展阶段，每个阶段都有一定的特征和发展任务，如果前一阶段的职业发展任务不能很好完成，就会影响后一阶段的择业任务，导致职业选择时发生障碍。因此，从大的范围来说，大学的就业指导应衔接中学的就业指导和大学后的职业生涯规划，并与心理调适结合起来。就大学的就业指导与心理调适来说，大学一年级要着重职业生涯认知和规划；大学二年级要着重基本能力的培养；大学三年级要着重职业定向指导；大学四年级要着重择业指导与就业服务。四个阶段相互贯通，有机连接，形成一个较为完善的就业指导体系。

第三，就业指导与心理调适应帮助大学生构筑职业生涯的四个支柱。大学阶段是职业生涯的预备期，为使职业生涯坚实有力，大学生在此阶段需构筑四个支柱。一是学会学习，学会学习是学习能力的表征，包括认知、理解、消化吸收能力、知识系统化的能力及掌握广泛的普通知识与深入研究少数学科相结合的能力，尤其是掌握学习的方法，与学习型组织、学习化社会相适应，以便从终身学习中获取种种发展机会。二是学会做事，学会做事是职业适应能力的表征，如何使学习与未来的工作相适应，已不能像过去那样简单理解为学会做事的含义就是为了适应某一特定的工作，而应是适应职业的流动和自主创业。三是学会共同生活，学会共同生活是现代社会人的素质特质之一，合作是现代人的广泛性要求。现代人必须具有情感同化的态度和意识，认识自己，接纳他人，合作共处。在全球化迅速发展的背景下，更要懂得人类的多样性和相互依存性，要具有向相异性开放的能力以及应对人与人之间、群体之间、民族之间不可避免出现的紧张关系的能力。四是学会生存，学会生存是前三种学习成果的主要表现形式。个体要有适应和改造自己环境的能力，职业生活是生存的手段和实现价值追求的途径，而其生存能力发展的各个阶段又是与人格不断成熟相一致的，大学生要充分发展自己的人格、发展个性，并能以不断增强的自主性、判断力和个人责任感来行动。

第四，就业指导与心理调适应专业化、专家化。学校要使就业指导与心理调适向专业化方向发展，必须与行政工作相分离，形成就业指导人员的职业化，进而实现就业指导与心理调适的专家化。反之，没有从事就业指导人员的职业化，就不可能有专家化实现，因而也就不可能有专业化的就业指导与心理调适出现。只有实现就业指导与心理调适专业化，就业指导才能科学、规范发展。

## 二、就业指导与心理调适的内容

### （一）就业指导的内容

#### 1. 就业政策的指导

国家对大学生的就业制定了相关的政策，且每年都有一定的变化。大学生由于平时忙于学习，对国家当前的就业政策知之不多，即使偶尔知道一些，也往往是零碎的、片面的，缺乏系统性，这就导致有些大学生在求职过程中，不懂政策，盲目乱闯，有时费尽周折找到了用人单位，却因种种原因不符合国家的现行政策而使求职夭折，弄得本人灰心丧气，既浪费时间，又挫伤其择业的积极性。

现行的就业制度和政策是从原计划经济体制下脱胎而来的，因此还有许多方面需要完善和发展。大学生就业的"自主择业"也还受到一些政策和规定的约束。任何事情都不是绝对的自由，因此大学生在择业过程中必须对就业政策有全面了解。就业指导者有责任广泛宣传新形势下的大学生就业政策，既要向大学生讲解一些普遍的基本政策，又要有针对性地讲解一些省市、地方关于大学生就业的具体规定。

在对学生进行就业政策指导的过程中，就业指导者首先应做到就业政策指导与思想教育相结合，在宣传国家就业政策的同时，开展大学生思想教育。

在改革开放的新形势下，学校开展大学生就业政策指导，就必须帮助大学生了解社会要求的情况和用人单位对大学生业务素质的要求，指导大学生增强基层意识，用正确的价值观念参与社会择业和求职，把个人的前途、命运同整个国家和整个社会主义事业的兴衰成败联系起来，引导大学生克服求职期望与实际脱离、与社会需求背离的倾向，使之自觉地响应国家号召，到国家最需要的地方和最需要的岗位上工作。

其次，就业政策指导的形式应多样化，既要有组织地集中指导，又要采取多种形式反复宣传，如举办黑板报，利用校刊、校报、广播等开辟专栏展开专题讨论和专题宣传等，同时就业指导者应主动接受学生的个别咨询，帮助大学生解疑答难，使大学生对国家的就业政策有系统全面的了解，从而为大学生顺利就业创造一个好的环境。

**2. 就业观念的指导**

正确的就业观念是大学生成功就业的基础和前提，我们的社会正处于大变革的历史时期，就业观念也必须符合这一历史潮流。有关机构首先要教育大学生打破传统的"大学毕业国家包当干部"的旧观念，结合大学生的实际进行人生观、理想观、爱国主义、专业思想、艰苦奋斗教育，帮助学生了解国情，引导他们继承和发扬中国先进知识分子的传统，正确处理个人与社会、理论与实践、条件与成才的关系，鼓励学生投身经济建设主战场，到国家最需要的地方去，走与工农相结合与实践相结合的成功道路；引导他们把远大的理想与默默奉献的精神结合起来，在建设中国特色社会主义的伟大实践中建功立业；要教育大学生具有创新意识，不因循守旧，不墨守成规，将自己所学的专业知识运用到实践中去创造、去发展，只有观念的更新，大学生才能在择业求职过程中，把握自己；才能开阔眼界，拓宽就业门路，选择能充分施展自己才华的理想单位。

**3. 就业目标的指导**

对于即将走向社会的每一个大学生来说，选择好适合自己的职业，是人生旅途中的一个重要抉择，是人生转折中的关键之一，大学生如何正确给自己定位是其能否顺利择业的关键。每一个大学生必须根据自身条件，正确确定其就业目标，切不可盲目攀高，亦不可自暴自弃。就业指导者要帮助大学生冷静分析就业市场，准确找准自己的位置。过高估计自己，将会使自己择业虚无缥缈，到处碰壁；过低估计自己，也会使自己后悔不迭，从而失去施展自己才华的机会。

#### 4. 就业心理的指导

就业心理指导是指由就业心理指导者帮助就业者确定职业方向、选择职业、准备就业，并谋求职业发展的咨询指导过程。其最基本的目标就是实现"人职匹配"使学生毕业后走上最合适的工作岗位，并获得良好的职业发展。

心理健康是就业的基础。由于大学生比较年轻，生理才刚刚发育完善，心理还很不成熟。因此在择业过程中往往出现焦虑、恐惧、急躁、自卑、超自信、嫉妒、茫然、惆怅等心理障碍，这种"寻职恐惧症"或"大学生综合征"不利于大学生的正常成长，也不利于大学生正常就业。广大就业工作者必须本着关心人、爱护人的目的和高度负责的态度，引导大学生正确评价自我，正确对待成功与失败，正确认识社会。同时针对不同的心理反应，就业工作者还应采取个别的心理咨询和心理保护，通过深层次的交流，缓解其心理负重感，找出其出现心理反应的症状，从根本上医治其心理创伤。当然，心理指导是一个渐进过程，会占去相当一部分时间，但是我们一定要借助现代咨询的全部手段，强化大学生心理素质训练，为毕业前择业及就业后的心理调适奠定基础。

#### 5. 求职技巧的指导

求职技巧往往是决定自己能否成功就业的关键。因此就业工作者应告诉大学生求职技巧的作用，除介绍求职技巧的具体内容外，还要指导大学生在求职之前如何提高这些技巧，使其在求职过程中如愿以偿。特别要从实践的角度着眼，帮助学生制定切合实际、行之有效的求职方案，分析可能出现的情况和问题，做好应变的准备。求职是一门学问，也是一门艺术，它的内容丰富，技术技巧很多。人们应根据大学生在不同阶段的不同特点指导他们发挥自己的优点，加强其薄弱环节，使他们在面试艺术、礼仪风度、求职信的写作等方面掌握技巧，争取主动，从而成功抓住每一次择业机遇，但最主要的还是树立远大的理想，树立正确的人生观、价值观，大学生平时就注意培养良好的品质，磨炼坚强的意志，开放各种感官接触社会，多方面体验生活，培养乐观豁达的生活态度。只有这样，才能在择业的重要关头，始终保持积极向上的精神状态和健康的心理，不至于在困难面前退缩。

#### 6. 就业信息的指导

学校的大学生就业管理部门，由于长期从事这一具体工作，信息相对较多，不仅有专人负责收集整理各方面信息，而且还与许多用人单位建立了供求信息网。一些用人单位和部门需要人才时往往主动与学校联系，一些地方举办人才交流会或大学生就业供需见面会也往往邀请学校参加。同时，学校也要想方设法为大学生找市场、找信息，为大学生就业创造条件，加强对就业信息的指导。同时学校要及时、广泛了解社会产业结构和部门发生的巨大变化，及时了解社会对人才的要求和对人才规格的具体需求，最大限度占有信息，并且对信息进行必要的综合、分析和归纳，及时向大学生发布，做到信息共享，以利于大学生从总体上了解就业形势，随时调整择业期望值。因此，学校信息传递要迅速，处理信息的手续必须现代化，向学生发布的信息一定要准确可靠，客观真实。

### （二）心理调适的内容

心理调适是指改变或扩大原有认知结构，以适应新情境的历程。其作用就在于帮助大学生在遇到挫折和冲突时，能够客观分析自我与现实，有效排除心理困扰，控制调节自己的情绪，从而保持一种稳定而积极的心态，维护自己的身心健康。

**1. 提供必要的社会关怀**

对于大学生择业期间的心理障碍，除了学生本身的自我调适之外，社会各个方面也应给予热忱的关注和积极的引导。

第一，学校要大力加强就业指导和心理咨询工作。一些学生产生心理障碍或心理疾病，很重要的原因就是对就业政策不了解，盲目择业，造成心理失衡。因此，学校作为就业制度改革的主体，要加强就业政策引导，广泛深入地宣传就业制度改革的方向、步骤和内容，以及当前就业政策、供求形势等，使学生熟悉这些政策和规定，以便学生能够根据国家的有关规定"对号入座"，自觉排除心理障碍。学校有关部门，尤其是学生工作部门，要针对择业中学生思想波动大等状况，及时了解情况，掌握第一手材料，有针对性地做好工作，引导学生正确对待择业。针对择业中学生易产生心理障碍和心理疾病的状况，学校还要加强心理咨询，帮助学生面对现实，排除心理障碍，保持健康心理。

第二，家长和亲友要主动关心大学生择业期间的心理状况，积极配合学校，帮助他们树立正确的择业观，缓解那些不必要的心理压力，促使他们以积极、健康的心态度过求职择业的阶段。社会上的一些心理咨询机构也应在大学生择业心理调适中发挥更大的作用。

第三，社会要努力为大学生提供良好的择业环境，尽可能提供更多的择业机会，并尽快完善大学生就业市场和人事制度，建立公正、平等的竞争机制。这是对大学生择业心理障碍进行社会调适的最有力措施。

**2. 提高大学生自我调适的自觉性**

对立统一规律是宇宙的根本规律，也是心理发展变化的一般规律。人的心理活动总是处于不平衡—平衡—新的不平衡—新的平衡的螺旋式发展过程。人的根本特点就在于能够通过自我调节与控制，去改善自己的心境，寻求最佳途径实现自己的目标。

大学毕业生应当认识到人生是一个不断发展变化的过程，也是个人对环境不断适应的过程。在人生的某些阶段，由于环境条件的改变，社会对个人会提出新的更高的要求，以致使个人感到适应特别困难。此时，如果个人能够主动自觉地改变自己或改变环境，使个人与环境保持协调，就可以渡过难关顺利进入下个新的人生阶段。相反，如果个人不能调适自己以符合环境的要求或不能克服环境的某些限制，则等于无法通过难关，就会在发展的道路上出现滞留现象。滞留的时间越长，适应的困难越大，不仅影响自己的当前，还会影响自己的一生；不仅影响择业效果，而且危及个人身心健康。面临毕业，大学生们自然会考虑到社会给自己提供了哪些职位，有多少选择的机会与可能；同时也会想到如何认识自己，调整自己，使个人能做出最佳选择并尽快适应职业活动。前者属于社会问题，在很大程度上不以个人意志为转移，个人很难左右国家的就业政策及用人单位的意愿；后者则是心理问题，属于个人可掌握的部分。认识环境、了解掌握自己、寻找一个心理出路，乃是最积极可行的途径。

在日常生活中，人们的通病是在实现自己目标的过程中，常常不去认真了解分析自己可掌握的那一部分因素，却企图主宰自己不可能驾驭的那一部分因素。不少大学生在择业过程中很容易犯此类通病。

总之，在求职择业过程中，大学生应当充分认识心理调适的作用，提高自我调适的自觉性，选好择业活动中的心理方位，要通过自身的努力使自己保持种良好的心态，以利于合理择业、顺利就业和健康成长。

**3. 学习心理调适的方法并进行自我调适**

自我心理调适就是自己根据自身发展及环境的需要对自己的心理进行控制调节，从而最大限度发挥个人潜力，维护心理平衡，消除心理障碍。心理学家通过理论探讨和实践检验，创立了许多行之有效的自我心理调适方法。大学生在择业就业过程中，可根据自己的心态有选择地加以使用。以下简要介绍几种常见的方法。

①自我静思法。冷静与理智是表示一个人成熟的重要标志之一。自我静思法也叫自我反省法。遇到困难和挫折时要冷静对待，控制心境，切莫冲动和急躁，摆脱干扰，仔细分析是自身原因，还是用人单位的原因；是自己努力不够，还是用人单位条件太苛刻；冷静思考，有利于稳定情绪，找出原因，

有利于有针对性地解决问题。

②理性情绪法。理性情绪法认为，人有理性与非理性两种信念，这些信念指的是认知方式会左右人的情绪。人不良情绪的产生根源来自人的非理性观念，反之亦然。要消除人的不良情绪，就要设法将人的非理性观念转化为理性观念。例如，有的学生择业中受了挫折便消沉苦闷或怨天尤人，其原因在于其存在"大学生就业应当是顺利的""我的择业应该很理想""我过去事事顺利，这次也不应例外"等观念。正是这些观念作怪，才导致或加剧了他的不良情绪。如果将这些想法加以纠正，则不良情绪一定能得到克服。大学生在运用理性情绪法时，应首先分析自己有哪些消极情绪，从中分析、综合、抽象、概括出相应的非理性观念，并对其进行挑战、质疑，同时对比两种观念状态下个人的内心感受，鼓励自己向理性观念方面转化，从而有助于排除不良情绪。

③自我适度宣泄法。因挫折造成焦虑和紧张时，消除不良情绪最简单的方法莫过于"宣泄"，切忌把不良心情埋藏于心底，忧虑隐藏得越久，受到的伤害就越大。较妥善的办法是向朋友、老师倾诉，一吐为快，求得安慰、疏导、同情，甚至也可以向亲友痛哭一场，不要强压心底，也可以去打球、爬山、参加运动量大的活动。

④自我慰藉法。自我慰藉法就是自我安慰法，实质是自我忍耐。大学生择业中遇到困难和挫折，已尽了主观努力仍无法改变时，可说服自己适当让步，不必苛求，承认并接受现实，以求得解脱。

⑤自我转化法。有些时候，不良情绪是不易控制的。这时，可以采取迂回的办法，把自己的情感和精力转移到其他活动中去，如一门心思学习，参加有兴趣的活动，利用假日郊游，接受大自然的熏陶等。这样使自己没有时间和可能沉浸在不良情绪中，以求得心理平衡，保护自己。

⑥松弛练习法。松弛练习法也叫放松训练，是一种可以通过练习学会在心理上和躯体上放松的方法。放松训练可帮助人们减轻或消除各种不良的身心反应，如焦虑、恐惧、紧张、心理冲突、入睡困难、血压增高、头痛等症状，且见效迅速。大学生择业中如遇类似心理反应，可在有关人员指导下尝试进行放松练习。

## 三、就业指导与心理调适的意义

### （一）大学生就业指导与心理调适的必要性

加强大学生就业指导与心理调适教育，是时代发展对高校提出的新要求，是大学生健康成长和全面发展的迫切需要。大学生是一个承载社会、家长高期望值的群体，自我定位高，成才的愿望非常强烈，但他们的心理发展尚未完全成熟、稳定，心理承受和适应能力相对较弱。随着改革开放的不断深入和社会生活竞争的日益加剧，大学生面临的竞争、经济、学业、就业、情感等方面压力越来越大。大学生环境适应、自我管理、学习成才、人际交往、交友恋爱、求职择业人格发展和情绪调节等方面反映出来的心理困惑和问题日益突出。加强大学生就业指导与心理调适教育已经成为高校人才培养中必须认真研究和解决的紧迫课题。

加强大学生就业指导与心理调适教育，是新形势下全面贯彻党的教育方针，实施素质教育的重要举措，是促进大学生全面发展的重要途径和手段。培养思想道德素质、科学文化素质、专业素质、身体和心理素质全面和谐发展的人才，是高校办学的宗旨。党的十六大报告把"全民族的思想道德素质、科学文化素质和健康素质明显提高"作为全面建设小康社会的重要目标之一；《中共中央国务院关于深化教育改革全面推进素质教育的决定》强调，在全面推进素质教育工作中，要针对新形势下青少年成长的特点，加强学生的心理健康教育；《中国普通高等学校德育大纲（试行）》中也明确指出：要把心理健康教育作为高等学校德育的重要组成部分，大学生应具备良好的个性心理品质和较强的心理调适能力，具有自尊、自爱、自律、自强的优良品格。实践证明，心理素质是人才素质的基础，大学生没有良好的心理素质便无法合格完成学业，更无力承担未来建设祖国的责任，因此我们必须高度重视德育工作，切实加强大学生就业指导与心理调适教育，努力提高学生适应社会生活的能力，培养大学生良好的个性心理品质，促进学生心理素质与思想道德素质、文化素质、专业素质和身体素质的协调发展。

### （二）就业指导与心理调适教育的意义

#### 1. 有利于大学生择业的正确进行

择业是选择与被选择的过程，也是大学生施展才华、敲开职业大门以及用人单位评判、筛选大学生的过程。良好的心态，有助于大学生在择业目标实施，如自荐、面试中保持健康良好的情绪，乐观向上，积极进取，面对现实，敢于竞争，不怕挫折，勇于创新，无论成功与否，都能及时进行情绪的自我调整，合理支配自己的感情和行动，对外界刺激作出能被社会认可的反应。特别是在不成功时，更能有效克制自己，控制自己的心境，尽快摆脱消极情绪的影响，避免情绪大起大落，以便总结经验，另辟蹊径。良好的心态，可以使大学生以健全的意志使自己的行动既有自觉性，又有果断性，从而避免盲目草率和优柔寡断,并以顽强的意志克服各种困难和挫折,以便择业的正确进行。

### 2. 有利于大学生择业目标的合理确定

求职择业是大学生完成学业,走向社会、服务社会的需要。求职择业中的首要问题是目标的确定。择业目标确定得是否合理,对于目标的实现起着基础性作用。大学生择业目标确定得合理,有助于择业成功。良好的心态可以促使大学生在择业中客观分析自我、认识自我,客观分析现实和社会的需求,从而使自己的理想与现实、抱负与职业有机结合起来,在择业的坐标中找到自己确切的位置,不至过于自卑而降低目标或期望值过高而脱离实际。良好的心态还有助于大学生及时协调个人志愿与社会需要的关系,理智地调整自己的目标,使自己的主观愿望尽可能与客观实际相吻合,从而作出恰到好处的选择。

### 3. 有利于大学生择业目标的顺利实现

择业目标的实现,既是对大学生专业知识和综合能力的考察,也是对大学生情感、意志、性格、品质的检验。目标的实现,没有全方位的努力是难以达到的。良好的心态,有利于大学生充分发挥自己的聪明才智,挖掘自己的潜力,综合自己的优势,扬长避短,经过顽强努力实现自己的择业目标。

### 4. 有利于大学生完成社会化转变

转变即个人生活过程中的不连续性。就业就是大学生人生中的一次重大转折。这一转变,将会引起学生心理上明显的感受。良好的择业心态,可以保证学生主动自觉地完成这一转变,有准备地应付转变过程中可能会遇到的种种事件,防止过度的紧张反应和其他心理异常。

### 5. 有利于大学生就业后的职业适应

大学生就业后的职业活动并非原来学习活动的简单迁移。职业适应,需要有一个过程。有关调查材料表明,这个适应过程的时间有长有短。其中的快或慢、顺利或曲折,固然受多方面因素影响,但大学生是否具有良好的择业心态无疑是具有帮助作用的。

# 第二章 大学生就业现状与心理问题

当前社会，就业形势极其严峻，就业人群面临着非常残酷的竞争。当前就业的主要群体为大学生，严峻的就业形势给大学生带来了巨大的压力，导致在大学生之间出现了很多心理问题。这些问题阻碍了大学生心理健康的发展。为了使大学生能够拥有健康的心理，正确的面对就业，就需要人们共同探讨大学生就业与心理健康的问题，寻求缓解就业焦虑的方法，帮助大学生更好地就业，更好地进入社会。

## 第一节 当前大学生的就业形势分析

### 一、当前大学生就业状况

我国当前就业形势的显著特点可以用一句话来简单概括：新增就业压力大、转移就业压力大、再就业压力大、总量规模压力大。预计在未来一段时间内就业压力还将继续增大。当前我国就业形势的复杂性在于，在普遍出现"民工荒"现象的同时，大学毕业生就业困难依然存在，城镇失业现象持续存在。这种看似矛盾的现象并不难理解，因为每个就业群体面临就业困难的原因并不相同。

对于大学毕业生而言，"大学生的就业冬季"依然还没有过去，就业形势依然严峻。据国家有关部门的统计数据显示，从2009年全国普通高校毕业生人数突破600万，2016年全国普通高校毕业生人数达到历史新高765万。2017年更是达到了795万，再加上出国留学回来及往年毕业尚未就业的毕业生，将近有1000万大学生同时竞争就业。2016年中国城镇新增就业人数延续此前三年的增长轨迹，达到1300万人的高位。人社部曾公开表示，"十三五"期间，中国每年需要在城镇安排就业的人数仍然维持在2500万，就业的总量压力非常大。这其中约1000万是登记失业人员，约1500万人是以高校毕业生为主体的青年就业人员。此外，"十三五"期间每年还有近300万农业富余劳动力需要转移就业。由这些数据可以看出，我国就业形势虽然总体稳定，但高校毕业生持续增加、化解过剩产能导致的职工分流、人和岗位不匹配的"招工难、就业难"并存等问题，仍将使就业形势面临较大压力。

### （一）高校毕业生就业的有利条件

①大学毕业生的社会需求总体上仍属于供不应求。中国目前仍属人才奇缺的国家。由于各行各业的各级各类单位都需要大学生去补充科技、管理、干部队伍，提高职工文化素质及水平，因此中国目前并不应当存在大学生已经多得分不出去的问题。

②目前我国宏观经济整体表现出良好态势。我国经济的增长率虽然有所降低，但是经济增长吸纳就业的能力相比以前有所增强。有专家指出，过去 GDP 每增长 1 个百分点，可带动 100 万人的就业，而现在 GDP 每增长 1 个百分点，则可带动 150 万人左右的就业。有研究指出，今后几年中国劳动力市场虽然仍继续呈现供大于求的特征，但劳动力供求的总量矛盾要比以往估计的严重程度略微缓和。

③中国加入世界贸易组织（WTO）后，就业机会大大增加。中国加入 WTO，对我国的经济形势发展产生了不可估量的积极影响，进出口贸易大量增加，人才的需求形势看涨。中国经济与全球经济一体化进程将进一步加快，产业结构调整和战略性改组以及国际资本和技术的进入，无疑将加大社会对高层次人才的需求。

④非公有制经济单位对大学毕业生的需求急剧增加。非公有制经济作为社会主义市场经济的重要组成部分，正在飞速发展，已在国民经济领域中占有越来越大的比重。

⑤高新技术企业对高新技术人才需求量非常大。目前知识经济成为世界经济发展的潮流，高新技术企业在我国飞速发展，高新企业对技术人才的需求量非常大，因此对与高新技术有关专业的毕业生的需求非常紧俏。各地各行业目前都在积极吸引高新技术人才，争相提供优惠条件，并创造良好的工作、生活和学习环境。这种日益浓厚的尊重知识、尊重人才的风气，必然为高校毕业生就业带来更多的机遇。

⑥党和国家高度重视就业工作，因势利导，统筹安排。每年国家根据不同的就业形势，会出台相应的就业政策和措施，为引导、协调、安排毕业生就业提供了有力的保障；各级党委、政府和学校都成立了专门的就业服务机构，大力拓宽毕业生就业渠道，最大限度保障毕业生优先就业。国家实施振兴东北老工业基地、促进中部地区崛起、鼓励东部地区加快发展以及社会主义新农村建设的战略，都为高校毕业生就业带来新的机遇。

⑦毕业生就业市场逐步规范。全国毕业生市场已经形成规模并走向规范化，这种变化不仅使毕业生就业逐步实现信息化、网络化的远程服务，而且也促进了毕业生就业市场从传统的劳动密集型管理向以信息技术为基础的现代模式转变。随着毕业生就业市场的建立和完善，有关的规章制度也相继出台，这样大学生就业便有了法律依据和保障。

⑧高等学校正在进行专业结构、人才培养结构的调整，提高教学质量，加强素质教育，使高校毕业生的培养质量和社会适应能力得到进一步提高。增强并提高毕业生的就业能力和创业能力是解决毕业生就业问题的最基本保证。随着高校毕业生就业制度改革的不断深化，毕业生的就业观念和心理承受能力也在逐步改变和提高。

⑨西部大开发为大学毕业生就业提供了新舞台。西部大开发是我国跨世纪的发展战略，西部的生态重建、资源开发和城市化进程，需要大批德才兼备的人才方能完成。同时，西部也出台了一系列人才优惠政策，用以吸引有志之士。

### （二）大学生就业面临的不利因素

①面临着十分复杂的国际经济环境，这势必影响大学生的就业工作。因为我们国家有大量的外贸经济，启动内需拉动国内经济增长的难度仍然不小，全社会整体就业压力加大，在这种情况下大学生的就业工作不容乐观。

②毕业生数量在短期内迅猛增加。应当说这种增长是超常规的，而社会有效需求短期内增速有限，供需的结构性矛盾将更加突出。面对严峻的就业形势，我们的用人机制和管理机制的改革仍相对滞后。

③由于各种客观环境的限制，毕业生就业制度的改革步履维艰。例如，我国人事制度改革相对滞后，户籍、编制各种指标和档案管理等都没有进行根本性的改变，人事部门对毕业生就业的申请报批手续过于繁杂，单位并没有多少真正的用人自主权，仍然需要按照接收毕业生一人一报批的手续，非公有制单位甚至没有审批进人指标的渠道。此外，这种审批程序和环节过多的人事管理体制还造成就业工作中的关系后门成风，有些单位当年的进人指标连照顾关系都不够用，甚至还存在毕业生就业工作部门职责不清、政出多门、政策交叉矛盾等现象，致使许多就业改革措施难以兑现。

④传统的毕业生就业主渠道吸纳能力下降。企业目前依然处于转轨改制、减负增效的改革过程中，生产经营尚未完全走出困境，下岗问题仍很突出。国有经济在原有经济结构、产业结构上继续保持快速增长的余地已经不大，因而很难为社会提供更多的就业机会。这样就使传统的毕业生就业主渠道吸

纳能力下降，大量接收毕业生存在一定困难。

⑤社会对毕业生学历层次的需求越来越高。目前我国中高层次的人才严重短缺，社会对高层次的复合型、外向型和开拓型人才的需求日益迫切，呈现对人才结构的需求层次重心上移的趋势。在毕业生就业中研究生已越来越"抢手"，本科生供求基本平衡，专科生则较明显呈现出供过于求的趋势。高校、科研单位、大机关、大公司基本上以接收硕士生、博士生为主，甚至连一些中小型单位都开始希望多接收研究生。这种社会现象致使现在不少用人单位对毕业生的需求出现扭曲，人为地制造了就业难。

⑥地区间经济发展不平衡状况直接影响到毕业生的供求状况。一般情况下，经济发达或发展较快地区接收毕业生较多，反之则较少。从各地反映的需求情况看，区域的差异越来越大。不少地区毕业生就业需求仍处于低迷状态，中西部及东北等省区已连续几年出现供过于求的现象。

⑦社会对不同专业需求的不平衡直接影响非热门专业毕业生的就业。随着高科技产业的迅猛发展和国家对基础设施投资的加大，计算机、通信、电子、医药、土建、机械、自动化、师范等专业毕业生的社会需求旺盛，而法学、社会学、经济学、政治学、马克思主义理论、艺术学、体育学、国贸、财经、新闻、管理、职教、中医、动植物、环保、轻工食品、农业推广、农林工程等专业毕业生社会需求相对较少。

⑧就业期望值过高。毕业生的就业期望值居高不下仍然是目前高校毕业生就业困难的一个因素。在就业市场上用人单位难招到合适的人，大量的毕业生又无工作可做的"两难"现象普遍存在，这是因为毕业生的就业期望值普遍较高。毕业生要想顺利就业就必须首先根据自己的实际情况和就业形势，调整自己的就业期望值。调整就业期望值不是对单位没有选择，只要有单位就去，而是要在规划职业生涯和树立职业发展观念的基础上重新确定自己的人生轨迹。要树立长远的职业发展观念，放弃过去那种择业必须一次到位、要求绝对安稳的观念。在当前获得一个理想职业的时机还不成熟时，应采取"先就业，后择业，再创业"的办法，通过正当的职业流动，来逐步实现自我价值。

⑨能力素质不够。毕业生的能力素质与用人单位的要求也存在较大差距，从而加大了毕业生的就业难度。现在用人单位对高校毕业生的敬业精神、职业道德、思想道德觉悟和能力素质水平都提出了越来越高的要求，不仅要求毕业生诚实守信、勤奋敬业，而且还要求有开拓创新精神和团队意识。良好的心理素质和社会适应能力也是用人单位看重的主要方面。用人单位重视毕业生的人品和能力，对专业的要求反而淡化。不少用人单位对毕业生持"宁

缺毋滥"的态度。

⑩就业信息不真、不够、不畅，导致了毕业生就业工作的混乱。目前社会对高校毕生的需求信息存在着比较严重的"失真、失控、失责"状态，更缺乏科学系统的人才需求预测工作。另外，社会上的毕业生供需信息交流严重不足，供需信息渠道不畅通，一些地区、一些部门和单位都"各自为政"，互相封闭信息。有些地区和部门甚至对非本地区（或本系统）的毕业生关上大门，使毕业生求职和单位选才双方都困难重重，也使目前毕业生就业改革工作处于混乱状态。有的地区目前仍然在实行统一计划分配毕业生的做法，更是与当前的改革趋势不相适应。

综上所述，高等学校毕业生的就业形势是十分严峻的，即将进入就业市场的大学生应对此有足够的思想准备。但是，大学生们也应该清楚认识到，大学生们只要能够认清形势、转变观念、调整心态，并不断充实和提高自己，就一定能够在激烈的竞争中扎稳脚跟，在社会中占有一席之地。

## 二、当前大学生的就业趋势

### （一）自我创业

"就业难"引发了"创业热"，如今创业的大学生越来越多，这部分大学生通过创业形式实现就业。一个创业能力很强的大学毕业生不但不会背负就业的压力，相反还能通过自主创业增加就业岗位，以缓解社会的就业压力。大学生创业的最大好处在于能提高自己的能力，增长社会实战经验，学以致用；最大的诱人之处是通过成功创业，可以实现自己的理想，证明自己的价值。谋求生存乃至自我价值的实现是创业最主要的原动力。

创业与就业最大的区别在于创业是寻找资源、创造资源，而就业往往是运用资源。当前，大学生的就业观念正在悄悄发生改变，一个鼓励创业、保护创业、崇拜创业的大环境正在逐步形成。原先由政府包揽的就业和创业活动逐渐被市场取代，产业结构调整带来的创业机会和政府出台"创业带动就业"的政策，促使大学生创业潜流涌动，大学生可通过自主创业实现致富梦想。

为支持大学生创业，国家各级政府出台了很多优惠政策，涉及融资、开业、税收、创业培训、创业指导等诸多方面。根据国家的有关规定，应届大学毕业生创业可享受免费风险评估、免费政策培训、无偿贷款担保及部分税费减免四项优惠政策，自主创业的大学生，向银行申请开业贷款担保额度最高可为7万元，并享受贷款贴息。大学生创业可以放宽一定的行业限制，比如，申办个体工商户、个人独资企业、合伙企业时，除法律法规另有规定外，将不受最低出资金额限制。另外，某些省市还对高校毕业生创业提供以下优惠政策：只要从事高科技、现代制造、现代服务业等行业及领域的投资与经营，大学生还可将家庭住所、租借房、临时商业用房等作为创业经营场所。

大学生是一个特殊的创业体，其特别之处不仅在于年轻，更在于创业理念不够成熟，而且又缺乏必要的创业知识。数据表明大学生成功创业者往往不到两成，这和他们自身局限以及性格特征或者阅历有诸多关系。从目前大学生创业项目的选择来看，大部分项目技术含量低，没有充分体现大学生的技术优势。尽管在大学生创业过程中存在着种种问题，但对大学生来说，自主创业仍是一条不错的发展途径，其关键在于要正视问题，找出症结所在，然后对症下药。即使面临失败，也决不能灰心丧气，依然要保持热情，就算创业不成，也可转向工作或其他行业，力求在工作中磨炼自我，重回创业的舞台，成就另外一番光景。

### （二）基层就业

基层就业就是到城乡基层工作。国家近几年出台了一系列优惠政策鼓励高校毕业生积极参加社会主义新农村建设、城市社区建设和应征入伍。从2003年开始，团中央、教育部根据国务院常务会议和国务院办公厅《国务院办公厅关于做好2003年普通高等学校毕业生就业工作的通知》及2003年全国高校毕业生就业工作电视电话会议精神的要求，以高校毕业生为对象组织各地实施高校毕业生基层就业的专门项目。截至2018年底，相关职能部门已经启动了"大学生志愿服务西部计划""三支一扶""农村义务教育阶段学校教师特设岗位计划""选聘高校毕业生到村任职工作计划"和"农业技术推广服务特设岗位计划"等多项大学生基层就业项目。系列项目实施十五年来，为我国基层教育和管理事业带来了生机和活力，也使众多高校毕业生参与并深入了解了地方基层工作，这种互赢方式开创了基层工作的新局面。

一般来讲，"基层"既包括广大农村，也包括城市街道社区；既涵盖县级以下党政机关、企事业单位，也包括社会团体、非公有制组织和中小企业；既包含自主创业、自谋职业，也包括艰苦行业和艰苦岗位。

一些公务员的招收办法中对有基层工作经验的大学毕业生有优惠政策，对那些在任上的基层大学毕业生，也有相关定向名额，这就为大学毕业生成为公务员打开了一扇大门，为毕业生在基层工作提供了良好发展空间。

基层就业避免了大学生中竞争过于激烈的情况。在大城市等经济发达地区，人才供大于求，大量人才申请一个职位，即使进入公司，由于工作流程的规范化与岗位的相对固定，一般毕业生也很难对业务全面了解，很多情况下，即使工作了两三年，也还只是了解专属自己业务的那部分内容，虽然足够深入，但拓展空间严重不足。而在人才匮乏的中西部地区，基层就业有更大的选择空间。基层地区的基础建设相对发达地区有一定差距，在发展过程中，更加需要各方面人才的加入，因此会有更多的机会可以选择，可以更好地开始自己的职业之路。大学生在基层地区成长过程中，由于人力资源的问题，很多时候需要个人独立完成很多任务，有利于培养较强的独立思考能力与业务能力，有助于更为全面地锻炼一个人的能力，这对于一个刚刚走出校园的毕业生来说，非常难得。经过基层锻炼的人才，今后在职业发展道路上，或者走向管理岗位时，就能够更有针对性地开展工作。

**（三）报考公务员、研究生**

2017年有148.63万人通过国考报名资格审查；2018年有165.97万人通过国考报名资格审查；2019年有137.93万人通过国考报名资格审查。

国考报名在连续两年"降温"后再度"升温"。大学校园中的公务员热已经不再是"局部过热"，随着公务员考试发展日渐成熟，考生报考也更趋理性。未来几年，国家公务员考试报名人数可能出现下降，但幅度不会很大，实际平均竞争比将稳定在40∶1到50∶1。

在公务员考试热的同时，考研也在逐年升温。据教育部公布的数字，2007年研究生报考人数为128.4万人，而在2001年还只有46万人。近十年来，每年考研的报名人数均在120万以上，到2016年达到了177万，到2019年达到了290万。对于毫无工作经验的应届毕业生来说，与社会人士相比，最大的优势在于更会读书学习、更会应对考试，存在就业难、考试易现象。尤其考研成本较低，报名费、资料费也就几百元钱，而回报却是丰厚的。

公务员饭碗稳定、待遇好、社会地位高众所周知。改革开放初期，国门大开，市场经济处在起步阶段，外资大量引入，在沿海一带创造了大量的就业机会，宽松的竞争环境为年轻人自主创业提供了便利。相对来讲，当时的公务员只有微薄的收入，加之体制上的束缚，年轻人在公务员队伍里面很难出头，虽然被称为"铁饭碗"，但在微薄的工资和众多诱人的机会面前，稳定的价值大大下降，加之当时供不应求的人才市场给了毕业生们较大的选择空间，这样很多毕业生当然更愿意到商海里面一展身手。而今，时移世易，市场经济的长足发展使得各个领域的竞争日趋激烈，人才市场的供过于求使大学生的地位一落千丈，昔日丰厚的待遇也只能成为一种憧憬，如果不想成为企业的廉价劳动力，就必须另谋他路。与此相对应的，公务员的工资则是一升再升，管理体制也是日趋完善，同时政府部门的工作虽不再是"铁饭碗"，但相对稳定，还掌握着大量的社会资源。这样，今天人们对公务员趋之若鹜就是在情理之中了，尤其在国内一些知名企业都开始出现裁员、减薪的情况下，公务员职业的稳定优势更加凸显。

近年来的本科毕业生就业前景"不利"，是引发"国考热""考研热"的直接原因。越来越多的大学本科毕业生选择"考研"作为逃避"就业难"的缓兵之计，进一步刺激了"考研热"的兴起和扩大。近年来高校硕士研究生的持续扩招也是驱使"考研热"逐年升温的重要原因。事实上，很多考生对高学历原本就有着一种向往，再加之对考研成功的高预期，这两个因素共同作用，才造成了众多考生报考研究生。如果能够成功考取跨专业的研究生，不仅可以使自己重新选择专业方向进行学习，还能使自己的学历得到进一步的提升，一举两得。因此，很多对自己本科专业不甚满意的大学生，会将考研作为自己重新选择专业方向的一个良好契机，从而投身到考研的大潮中去。很多单位招聘时将门槛定位在硕士学历，包括部分公务员的考试在内，这就意味着，如果没有硕士学位，连被选择的机会也没有，读研究生成了通向理想职业目标的必由之路。

### （四）新兴工作方式

当今信息科技飞速发展，给社会带来了深刻的变革，在变革中一些传统的职业走向没落，一些新的职业正在兴起。SOHO（在家办公）族专指基于国际互联网上的、能够按照自己的兴趣和爱好自由选择工作的、不受时间和地点制约的、不受发展空间限制的白领一族。其更重要的是反映人能否按照自己的兴趣和爱好去自由选择工作，反映人们所选择的工作是否有着极大的发展空间。它代表的是最先进的生产力，代表的是最活跃的新经济。

SOHO族跟传统上班族最大的不同是可不拘地点，时间自由，收入高低由自己来决定，这种自由而又浪漫的工作方式吸引了很多的中青年人加入这个行列，在这片天空里，他们的才华得到充分的展露。特别适合SOHO族的是一些基于信息的制造、加工、传播类的工作，如编辑记者、自由撰稿人、软件设计人员、网站设计、美术音乐等艺术工作者。最常见的SOHO职业还有音乐创作、产品销售员、平面设计、广告制作，服装设计、商务代理、期货炒股等。因为他们的大部分工作或者主要的工作完全可以在家中独立完成或通过在网上与他人的协同工作来完成。按照SOHO族的工作方式大致可分为如下四种。

①创业SOHO。自组1～10人的小公司，或经营一个小店面，或加盟某个连锁体系。这种SOHO规模虽不大，员工们也未必天天见面，但是其可通

过互联网保持着高效的联系，在经营和管理上具备很大的灵活性。在大公司无法兼顾的领域，个人公司如能提供适合的商品和服务，往往会获得成功。

②自雇SOHO。在家工作或个人工作室，一人身兼老板及伙计，如文字工作者、艺术工作者、顾问、中介、保险从业人员等，他们大多爱好自由，工作富有创造性。

③兼职SOHO。利用下班时间在家兼职的上班族，既能开辟财源，又有基本保障，是由保守型过渡到创业阶段人士的选择。

④在职SOHO。在家工作的上班族，即在家利用现代通信科技与所属公司连线进行工作的电子通勤族，号称科技时代最酷的上班方式。他们与其他SOHO的区别在于他们有固定的工作单位，只是部分时间在家上班，而且在上班过程中要不断和本公司联络以便协调工作。

不管哪一种SOHO，这种工作方式已变成世界性趋势。目前在美国已有1/5的工作人员是SOHO族，且以每年5%的速度增长着。日本、韩国也在鼓励个人创办SOHO型公司。日本"朝日网"在主页上更增设SOHO专栏，介绍成功SOHO公司的事例，并为SOHO同行提供交换信息的场所、提供如何开办SOHO公司的指南。

事实上，一方面国际上这一群落的人数呈现出增加的趋势，办公自动化、互联网的普及以及分工的细化将会导致为数众多的SOHO人的出现；另一方面SOHO群的存在，也是在客观上缓解了就业压力这一越来越重要的现实社会问题，而如何将这一群落有意识地纳入社会分工体系，并从身份、立法、税收和保障等方面予以确认、规范和保护，是摆在各机构眼前的现实问题。

"威客"是英文"Witkey"的音译。通俗来讲，"威客族"就是在网络上帮人解决问题，获取报酬的人。通过互联网，人们可以将多个电脑终端连接在一起，实现信息的传输和共享。而"威客"模式则是在互联网的基础上，把个人的头脑和智慧连接起来，以有偿的方式向别人传递和分享自己的知识、智慧、技能和经验，而从事这一工作的人也就是人们所说的"威客"。

在当前就业形势严峻的大背景下，越来越多找不到全职工作的人们通过"威客"平台为自己的智慧寻找价值。小到几十元、几百元的给孩子取名、征集产品宣传语，大到上千元、上万元的活动方案策划、程序开发，丰富多样的"威客"任务规避了很多现实中不公平的社会竞争，为那些创意人才提供了充分展示自己才华的空间。中国"威客族"规模目前已达到三千多万人。进入2006年后，"威客"每月增长率超过30%，国内的几家著名相关网站，均因流量暴增而瘫痪多次。"威客"以有偿的方式向别人传递和分享自己的知识、智慧、技能和经验，威客网为知识转化成财富提供了一个平台。有一定经验的"威客"每月收入从几百元到上千元不等,而一些职业"威客"的月薪甚至可以达到数万元。

## 第二节 当前大学生的就业制度分析

### 一、高校毕业生就业制度的发展历程

就业制度与政策是我们搞好就业工作的指南和依据。大学毕业生如果认真了解国家和各级政府对当前就业工作的要求和相关的政策,就会在就业过程中更好地找准自己的位置,有效利用相关的条件,使自己顺利就业。

自新中国成立以来,我国的高等学校毕业生就业政策一直随着国情不断发展,这是个持续的变动过程。根据这些政策实施的背景和特征,大体上我们可以把它分为三个不同的发展时期。

#### (一)计划经济下的统一分配

在计划经济体制下,由于我国各地区高等教育发展不平衡以及大学生作为我国经济振兴的科技型人才高度缺乏,大学毕业生的工作由政府有计划地统筹安排,即国家根据需要对大学生集中调配,用于国家最需要发展的领域及行业。但"统一分配"在一定程度上影响了人才的合理使用、合理流动,影响了用人单位择优选拔的自主权和积极性,影响了对大学生竞争意识和自主意识的培养。

1985年5月27日,中共中央颁布《中共中央关于教育体制改革的决定》,这是发展我国教育事业的纲领性文件。1986年,国家教委出台《高等学校毕业生分配制度改革方案》,提出高等学校毕业生分配制度改革的目标是在国家就业方针政策指导下,逐步实行毕业生自主择业、用人单位择优录用的双向选择制度,逐步把竞争机制引向高等学校。

#### (二)改革深化下的双向选择

20世纪90年代,上大学最大的变化是从"两包"到"两自"。"两包",即考生上大学学费由国家包下来,毕业后由国家包分配;"两自",即学生上大学要自己缴费,毕业后要自主择业。实际上,20世纪80年代中后期,国家已开始酝酿大学生就业制度的改革,这一改革过程与收费制度基本一样,持续了较长时间。

自1987年开始,大学生分配制度改革开始试行,清华大学走在了最前面。1989年,国务院批准了国家教委提出的《高等学校毕业生分配制度改革方案》,

逐步实施"毕业生自主择业、用人单位择优录取"的双向选择制度。

随后,大学生分配制度改革进行了进一步探索。1993年2月,中共中央、国务院颁布了《中国教育改革和发展纲要》(以下简称《纲要》),其中明确指出高等学校毕业生就业制度的改革目标是改革高等学校毕业生"统包统分"和"包当干部"的就业制度,实行少数毕业生由国家安排就业,多数由学生"自主择业"的就业制度。为落实《纲要》中关于加快教育改革的要求,1994年国家教委发出《关于进一步改革普通高等学校招生和毕业生就业制度的试点意见》,改变学生上学由国家包下来,毕业时国家包安排职业的做法。同时引导学生毕业后参与劳动力市场的竞争,国家不再以行政分配而是以方针政策指导,以社会就业需求信息引导毕业生自主择业。同年,国家教委推行高校招生并轨改革试点。自此,大学生分配进入了学生自主择业的市场化进程。

**(三)市场经济下的自主择业**

以"双向选择"为主要特征的毕业生就业制度只是过渡性的就业政策,随着改革开放的深入和社会主义市场经济体制的建立和完善,建立以"自主择业"为主要特征的毕业生就业制度已经势在必行。1993年2月13日,由中共中央、国务院颁布的《纲要》,是"自主择业"就业模式的政策依据,它明确指出在20世纪90年代,随着经济体制、政治体制和科技体制改革的深化,教育体制改革要采取综合配套、分步推进的方针,加快改革步伐,改革"包得过多、统得过死"的体制,初步建立起与社会主义市场经济体制、政治体制和科技体制改革相适应的教育新体制。

在这种就业体制下,大部分毕业生将按照个人的能力、条件到市场参与竞争,而不再依靠行政手段由国家保证就业;用人单位也只能用工作条件及优惠待遇吸引毕业生,不能等待国家用行政命令的办法给予保证;而高等学校作为就业工作的中介,主要为毕业生"自主择业"提供服务。

但是我们应该看到,尽管国家已经提出了"自主择业"的大学毕业生就业政策,但到目前为止,"双向选择"的就业政策仍是我国大学生就业的基本政策和主要模式,这是因为"自主择业"的大学生就业政策还需要一个过渡过程。在我国,建立大学毕业生就业市场将要经历一个从不规范到逐步规范、从不成熟到比较成熟的市场发育过程,毕业生就业市场的培育和建立还要有时间过程,在此期间通过"双向选择"的政策过渡是必然的。

我国的高等学校毕业生真正能够大量地、无限制地进入劳动力市场自主择业,在2010年左右才基本完成。在这个改革过程中,国家逐渐放宽了对高等学校毕业生就业的安排和控制,与此同时,在劳动人事制度与户籍制度方面也进行了深入改革,并建立起了有效的毕业生就业信息网络,使人才流动更为自由,为高校毕业生自主择业创造了有利条件。

## 二、现行大学生就业工作指导思想和方针原则

当前大学生就业工作的指导思想:"高校毕业生就业工作要以'三个代表'重要思想为指导,紧紧围绕促进国家经济发展和社会稳定的大局,采取积极有效的措施,进一步转变大中专毕业生就业观念,建立市场导向、政府调控、学校推荐、学生与用人单位双向选择的就业机制,努力实现高校毕业生的充分就业。"这一指导思想包含了如下四层意思。

①以党的创新理论为指导,服务经济建设的中心。
②加强思想政治教育,转变大学生的就业观念。
③建立由学校和有关部门推荐,学生和用人单位在国家政策指导下通过人才劳务市场双向选择、自主择业的就业制度。
④实现充分就业的目标,提高就业率。

除此之外,还提出了大学生就业的方针原则,即贯彻统筹安排,合理使用、加强重点,兼顾一般和通向基层,充实生产、科研、教学第一线的方针。在保证国家重点建设需要的前提下,贯彻学以致用人尽其才的原则。国家采取措施,鼓励和引导毕业生到边远地区、艰苦行业和非公有制单位就业。

## 三、政府相关部门职责

高校毕业生就业管理体制要求:"在国务院领导下,教育部、人社部、国家发展改革委、财政部、公安部等有关部门密切配合,共同做好高校毕业生就业工作。各省(自治区、直辖市)人民政府可成立由政府主管领导牵头,有关部门参加的领导协调机构,统筹做好高校毕业生就业工作。"根据这一要求,国务院和各省(自治区、直辖市)相继成立了高校毕业生就业工作领导协调机构,各省(自治区、直辖市)教育厅(局)具体负责本地区高校毕业生工作。

### (一)教育部的主要职责

①制定全国毕业生就业工作的法规和政策,组织研究并指导实施全国毕业生就业制度改革。
②收集和发布全国毕业生供需信息,组织和管理毕业生就业供需见面、双向选择活动,授权各省(自治区、直辖市)教育行政部门派遣本地区高校

毕业生，检查指导毕业生就业工作。

③组织开展毕业教育、就业指导和人员培训工作；开展毕业生就业工作的科学研究和宣传。

**（二）各省教育厅的主要职责和主要职能**

**1. 主要职责**

①根据国家的有关方针、政策和教育部的统一部署，提出本地区毕业生就业工作具体意见。

②负责本地区毕业生统计和本地区毕业生需求信息的收集并及时报教育部，组织管理本地区毕业生就业双向选择活动。

③受教育部委托组织实施本地区毕业生的资格审查、调配派遣和接收工作，检查、监督本地区高校和用人单位的毕业生就业工作。

④组织开展毕业教育、就业指导教学，开展毕业生就业制度改革的研究和宣传工作。

为落实高校毕业生就业领导协调机制，各省（自治区、直辖市）还要专门设立大中专毕业生就业指导中心，作为直属教育厅（局）的事业单位，也是具有一定行政管理职能的专门办事机构，其一般内设办公室、财务部、市场部、信息部、培训部等，拥有专业技术人员、先进的设备和管理手段。

**2. 主要职能**

①举办地区大中专毕业生就业市场（包括综合市场、专业市场、网上招聘等），指导高校举办校园市场，组织协调地区内高校就业协作工作。

②负责毕业生资格审查、核发报到证和就业协议书签订，提供毕业生档案托管、转递、落户等服务。

③组织举办毕业生就业指导讲座，检查指导全省大中专院校就业指导课开设情况，编辑出版毕业生就业指导教材、期刊，开展就业指导理论研究。

④组织本地区高校就业指导人员的业务培训，毕业生技能培训，提供网络信息、咨询服务。

此外，各高校在当地教育厅（局）领导下，要实行就业"一把手工程"和全员责任制，设立院校就业指导中心和就业指导教研室，按规定的比例配备专兼职就业指导人员和教师，提供全程化就业指导教学和服务。设立专门网站，完善信息化、专业化的就业咨询服务系统，开拓就业市场，建立就业基地。

## 四、大学生就业的途径与有关政策

### （一）大学生就业主要途径

**1. 中小企业**

①清理影响就业的制度性障碍和限制，主要是在档案管理、人事代理、社会保险办理和接续、职称评定以及权益保障等方面，要认真清理现行制度，简化手续，做好服务工作，形成高校毕业生到企业就业的有利环境。

②取消落户限制。对企业招用非本地户籍普通高校专科以上毕业生，直辖市以外的各地城市要取消企业吸纳登记失业高校毕业生的限制，使企业可享受相关就业扶持政策。

③落实就业扶持政策。企业招用符合条件的高校毕业生，可享受相应的就业扶持政策。所谓符合条件的高校毕业生主要指就业困难人员，扶持政策包括对企业的社会保险补贴和定额税收减免政策，如劳动密集型小企业招用登记失业的高校毕业生达到规定比例，可享受最高 200 万元的小额担保贷款。

**2. 公务员、事业单位**

目前，我国各级党委、政府、人大、政协、人民团体和民主党派机关实行公务员制度。根据《国家公务员暂行条例》规定国家机关录用担任主任科员以下的非领导职务的公务员，采用公开考试、严格考核的办法，主要面向高校毕业生，按照德才兼备的标准择优录用。因此，报考国家公务员成为部分高校毕业生的就业途径。

国家财政拨款的事业单位补充人员，编内聘用的，也由政府人事部门统一审批和组织考试；非编内聘用的，经主管部门同意，各事业单位自主招聘。因此，通过考试到国家事业单位工作也是部分高校毕业生的就业途径。

**3. 供需见面、双向选择**

供需见面和双向选择活动是在中央各部委、各省（市、自治区）及各高校举办的毕业生招聘会上，各用人单位代表和毕业生面对面洽谈，用人单位根据自己的需要和标准来选择毕业生，毕业生也可以根据自己的专业、特长兴趣和爱好来挑选用人单位。这种供需见面会，后来发展为规范的专门人才市场，包括网上市场。除了政府有关部门调控、监督外，合法的中介公司也应运而生。学校推荐、毕业生自荐和中介结合，通过市场自主择业，已经成为高校毕业生就业的主渠道。

**4. 劳务出口、境外就业**

经济全球化必然伴随人才在世界范围内流动。随着我国经济发展，越来越多的大型企业到海外投资，开办公司、承包工程、收购股权、拓展业务等。因而高校毕业生通过合法途径去境外就业也是其就业渠道之一。

**5. 参军报国、国防事业**

除国防生定向分配到部队外，根据国防现代化建设需要，军队每年还从研究生中招收一批干部，从大学本科和专科毕业生中招收一定数量士官。同时，鼓励应届毕业生按义务兵役制度应征入伍。人民解放军是所大学校，也是高校应届毕业生报效祖国、开启职业生涯的一大平台。

**6. "三支一扶"、基层就业**

党中央国务院制定了西部大开发战略和社会主义新农村建设战略，使西部地区和广大农村需要大量人才。团中央、教育部、财政部、人社部于2003年6月发出《关于实施大学生志愿服务西部计划的通知》。2005年中共中央办公厅、国务院办公厅又印发了《关于引导和鼓励高校毕业生面向基层就业的意见》。2006年，教育部等四部委下发《关于实施农村义务教育阶段学校教师特设岗位计划的通知》，招聘高校毕业生到农村任教，聘期3年。2008年，中组部等四部门决定连续五年组织实施"选聘高校毕业生到村任职工作"，到西部支持教育、医疗、农技和扶贫，到农村村部任职，成为广大高校毕业生就业和锻炼成才的又一重要途径。通过上述途径就业，要有国家认可的书面证明，主要有如下几个文件材料。

①就业协议书，又称四联单。白联留存省级就业指导中心，蓝联由培养学校留存，黄联由用人单位留存，红联由毕业生本人留存。协议书具有准合同性质，便于教育行政部门监督，是统计初次就业、办理户口迁移和派遣的主要依据。

②制式接收函。由教育行政部门规定格式，用人单位向学校出具并签单。出具接收函的单位应具有法人资格或经过民政部门的社团登记。

③规范的《劳动合同》。该材料应符合《劳动合同法》的规定，必备条款齐全。

④公司法人、个体经营执照以及行业协会的执业注册登记手续（针对自谋职业或自主创业者）。

⑤国家公务员及事业单位录用通知书。

⑥劳务出口、境外就业证明。

⑦入伍通知书。

⑧"三支一扶"面向基层就业的通知书或审批手续。

⑨考入全日制专升本、研究生的录取通知书，或出国留学证明。

### 7. 自谋职业、自主创业

自谋职业是指毕业生毕业后从事个体经营或选择做自由职业者，如自由撰稿人、自由作家或股票和期货等证券经纪人等。这类毕业生要办理个体工商执照或行业协会的注册登记，并且要到社会保险机构办理社会保险登记，交纳社会保险费。

自主创业是指毕业生毕业后利用自己家庭、社会关系，或自己具有一定经济实力，或利用自己在校实习期间的个人发明、专利等科技成果，以合股参股、独资的形式开办公司或工厂。这类毕业生要按《公司法》的规定办理公司注册登记或股权登记。

为了鼓励高校积极开展创业教育和实践活动，国家提出税费减免和小额贷款等优惠政策，对毕业生从事个体经营符合条件的，三年内免收行政事业性收费；按规定落实残疾人就业、下岗失业人员再就业以及中小企业、高新技术企业发展等现行税收政策和创业经营场所安排；登记失业的高校毕业生可申请小额担保贷款，对合伙经营和组织起来就业的，可适当扩大贷款规模，从事微利项目的享受贴息扶持。

对有创业意愿的高校毕业生参加的创业培训，要给予职业培训补贴；强化高校毕业生的创业指导服务，提供"一条龙"创业服务。建设并完善一批大学生创业园和创业孵化基地，给予相关政策扶持。同时鼓励支持高校毕业生灵活就业，符合就业困难人员条件的可享受社保补贴政策。

### （二）现行就业政策

#### 1. 国家的宏观就业政策

2009年1月，国务院办公厅印发了《关于加强普通高等学校毕业生就业工作的通知》，其中指出普通高等学校毕业生是我国宝贵的人力资源，当前受国际金融危机影响，我国就业形势十分严峻，高校毕业生就业压力加大，各地区、各有关部门要把高校毕业生就业摆在当前就业工作首位，采取切实有效措施，拓宽就业门路，鼓励高校毕业生到城乡基层、中西部地区和中小企业就业，鼓励自主创业，鼓励骨干企业和科研项目单位吸纳高校毕业生就业。

#### 2. 应届毕业生应征入伍

征集高校毕业生入伍，是适应新时期国防和军队现代化建设需要，从源头改善军队兵员结构，提高军队战斗力的重要工作，是推进实施人才强军科技强军战略的重大举措，是促进青年学生成才的有效途径。

高校毕业生应征入伍服义务兵役，除享有优先报名应征、优先体检政审、优先审批定兵及其他优待安置政策外,还享受优先选拔使用、考学升学就业优惠、补偿学费或代偿国家助学贷款等优惠政策。

### 3. 自主创业和自谋职业

为鼓励自主创业和自谋职业,财政部、国家发展改革委还联合下发了《关于对从事个体经营的有关人员实行收费优惠政策的通知》,明确对从事个体经营的高校毕业生实行收费优惠政策。2014年教育部下发了《关于做好2015年全国普通高等学校毕业生就业创业工作的通知》,其中指出高校毕业生就业创业工作是教育领域重要的民生工程,党中央、国务院高度重视,明确要求有关部门强化就业创业服务体系建设,提升大学生就业创业比例。

各地各高校要把创新创业教育作为推进高等教育综合改革的重要抓手,将创新创业教育贯穿人才培养全过程,面向全体大学生开设创新创业教育专门课程,纳入学分管理,改进教学方法,增强实际效果;要加大对大学生自主创业资金支持力度;大力引导高校毕业生到基层就业;各地各高校要建立健全职业发展和就业指导服务体系;要进一步加大对就业困难毕业生的帮扶力度;各高校要深入实施就业创业工作"把手"工程,主要负责同志亲自抓,分管负责同志具体抓,形成就业、招生、教学、学生工作等部门联动工作机制。

### 4. 毕业生到农村基层服务

2009年4月,中共中央组织部、人力资源和社会保障部、教育部、财政部、共青团中央联合印发了《关于统筹实施引导高校毕业生到农村基层服务项目工作的通知》,文件中指出各专门项目主要包括中共中央组织部牵头组织的"选聘高校毕业生到村任职工作"、教育部牵头组织的"农村义务教育阶段学校教师特设岗位计划"、人力资源和社会保障部组织的高校毕业生"三支一扶"计划和共青团中央组织的"大学生志愿服务西部计划"等。

## 第三节 大学生存在的心理问题

### 一、孤独的心理反应

有些大学生有意将自己与世界割裂开来,形成与他人、与社会隔离的自身孤立心态。多数有这种心理反应的大学生,其并非主动寻求孤独,而是本来具有接近他人的强烈愿望,却又由于某些社会的、环境的因素,被动产生封闭、防御、回避的倾向,并因此不得不承受孤独的折磨。大学生的人际关系和异性交往中的挫折,常会导致孤独心理,进而还可能扩延到其人生态度中去。

## 二、焦虑的心理反应

部分大学生由于担心自己达不到预期目标，有可能丢失有价值的东西，致使自尊、自信受到威胁而产生紧张不安的情绪状态。其中既有现实性的，也有神经性的，还有属于道德伦理性的。这种状态如果长期持续，就会趋向焦虑性神经症，损害人的身心健康。大学生在学习、择业交友、恋爱、成才等方面的心理问题，大多带有强烈的焦虑反应，长此下去甚至可能形成焦虑性格。

## 三、他人取向的心理反应

还有一部分大学生为了得到他人的认可和赞许而身不由己、言不由衷地做人行事，使自己的价值取决于他人的评价，时时处处看他人眼色行事，这不同于听取他人的正确意见和向他人学习长处，而是把讨他人喜欢当作自己首位目的，从而轻易放弃自己的见解，违心追随他人的意志。不少学生由于得不到他人赞许或担心自己的言行不合他人的口味而惴惴不安，长此以往终会产生过度敏感和强迫的心理状态。

## 四、自我拒绝的心理反应

有些大学生经常自卑、怀疑自己、轻视自己甚至憎恨自己。有这种心理的人会认为自己一无是处，不应有成就，不配受奖励，严重者甚至认为自己不该活在世界上。一些大学生往往由于对自我的期望过高，并且还由于思想方法的片面化、绝对化而不同程度地陷入这种心理困境。

## 五、学习方面的心理问题

学习是当代大学生的主业，是分量最重的成才砝码。大学生在这方面的问题，主要表现在考试焦虑、成绩波动过大、学习缺乏动力、专业不满意、学习负担过重等方面。研究人员通过一项关于学习的调查发现，由于大学生专业学习和竞争压力越来越大，由此而引发的心理障碍也越来越多。学生中认为"时时感到一种压力和竞争"的占72%，"常常为自己的学习成绩而担心不安"的占60%。很多大学生因为学习的压力出现了不同程度的心理问题，并影响到正常的学习生活，如过度的紧张、不安而导致注意力难以集中，情绪烦躁、思维钝化，以致头痛、失眠，使学习效率低落、成绩下降，继而更加惶惑，心理不适越发严重，于是形成恶性循环。有些学生能力并不差，学习并不吃力，分数也不低，但"就是紧张得透不过气来"。也有些学生对考试过分担忧,以致紧张到一进考场"眼睛看着考卷,脑子一片空白",出现回忆困难、出冷汗等症状。大学生在学习中还存在另一类现象,即对学习无兴趣、无期待、无动力和无目标,对所学专业态度十分冷淡。属于这类情况的大学生虽为个别,但非绝无仅有,而且其中一部分学生是从过度紧张的极端走向放任自己的另一极端。

### 六、人际关系方面的心理问题

人际关系是大学时代大学生所面临的一个十分棘手的人生课题,有的同学称其为"大学生的人生百慕大"。其主要表现为沟通不良、交往恐惧、人际关系失调、人际冲突、孤独无援、缺乏社交的基本态度与技能等,如在人际交往方面,因自负而不屑交往,因恐惧而不能交往,从而陷入孤独和封闭的境地;也有的大学生虽然主动与人交往,但由于对人的认识上常有偏见、误解或过分苛求,对他人情感上缺乏同情理解和尊重,对他人的行为挑剔、被动或矜持,所以人际关系不协调,难以被他人接受。良好的交往愿望和人际关系不协调的矛盾常常导致大学生此类内心的冲突,出现心理失调。

### 七、恋爱和性方面的心理问题

大学时期,大学生不仅长知识、长身体,同时也是情感丰富和性需求发展的时期。大学生这方面的问题主要表现为异性交往困难、陷入多角关系不能自拔、因单相思而苦恼、失恋的痛苦、对性冲动的不良心理反应等。例如,有的女学生刚入学就接二连三受到高年级男生的邀请和约会,因不知该如何应付而陷入苦恼之中;有的学生因看到周围的人纷纷交友而自惭形秽;有的学生因失恋而长期精神萎靡不振,甚至想到轻生。

### 八、求职择业方面的心理问题

大学是大学生从学生走向社会的一个人生驿站。在求职择业方面表现为缺乏选择的主动性、不了解自己,不了解与自己个性能力相匹配的职业领域,对面试缺乏自信,过于追求功利,缺乏走上社会的心理准备等。例如,有的学生面对人才市场五花八门的招聘单位与条件而不知所措,难以抉择;有的学生不知怎样才是适当的自我推荐;有的学生对社会种种现实不能正确分析,出现逃避社会或过于担忧的不良心理。

# 第三章　大学生职业生涯规划概述

随着高等院校招生规模的不断扩大,毕业生人数不断增加,大学生就业问题一直备受社会各界的关注和重视。为了帮助大学生更好规划人生,我们需要赶快补上以学校为主渠道的生涯规划与辅导课程,力求使大学生们在走向职业生活之前,从观念、心态、知识、技能等方面做好应对职业挑战的全面准备。本章详细介绍了大学生职业生涯规划的意义、基本理论以及影响职业生涯规划的因素等内容。

## 第一节　生涯规划的意义

### 一、生涯和职业生涯规划

据报道,哈佛商学院曾经对部分学生做过这样一个抽样调查:"十年后你希望成为一个什么样的人?"100%的学生选择将来在商场上拥有财富、成就或影响力。但是具有明确目标并做出规划的人只有10%。十年后,调查小组追踪发现,这10%的人所拥有的财富占全部受调查者的96%。专家分析认为,世界上只有3%的人有自己的奋斗目标和计划,并且将它明确写下来而为之奋斗;还有10%的人有目标和计划但只是停留在脑子里;剩余的87%的人随波逐流。

著名管理学家彼得·杜拉克认为:"越来越多的职场人需要学习经营、管理自己,他们要懂得将自己放在最有贡献的地方,并努力发展自己的特长。"无疑,学会职业生涯规划的本领能让人更具有独特的眼光、远见和洞察力,能够发现问题、正视问题,并采取积极有效的方法解决问题,从而不断改进和改善自己的处境。

**(一)生涯**

"生涯"是我们在日常生活中运用得比较广泛的一个字眼,比如学习生涯、革命生涯、军旅生涯、教书生涯等。根据《现代汉语词典》的解释,"生"是活着的意思,"涯"泛指边际。一般认为,生涯就是指人的一生。生涯的英文是 career，本义是指战车，现引申为人生发展历程，还蕴含着竞争、竞赛的意思。汉语中，career 也被翻译成职业生涯。

目前，大多数西方学者所接受的生涯定义是萨柏的论点：生涯是生活里各种事态的演进方向和历程，它统合了人一生中的各种职业和生活角色，由此表现出个人独特的自我发展形态。生涯也是人生从青春期到退休之后，一连串有酬或无酬事业的综合。除了职业之外，生涯还包括任何与工作有关的角色，如学生、退休者，甚至包含家庭和公民的角色等。

职业生涯不仅仅局限于工作或职业，还包含了个人的生活风格，即包含个人在其一生中所从事的所有活动。工作是指在一个组织机构中，一群类似的、有薪资的职位，且要求工作者具有类似的特性，如建筑工人、贸易工作者、教育工作者、医护人员、公务员等；职业是指在许多工商事业或机构中的类似的工作，如工人、商人、教师、医生等。而生涯的定义要比这两者都宽泛很多，除了工作和职业之外，它还涵盖了人一生所从事的其他各种活动。人的一生，扮演着不同的角色，从孩童、学生、上班族、社会公民直到为人父母，不同社会角色的组合就形成了人的生活风格，这样的发展过程就构成了生涯。

米切尔·阿瑟、道格拉斯·霍尔和芭芭拉·洛伦丝认为，职业生涯就是个人长期从事一系列工作的经历。

职业生涯是指与工作相关的整个人生历程。在这一定义中，"与工作有关的经历"是广义的，它包括以下内容。

①客观事件或情境，如工作岗位、工作职责或行为以及与工作相关的各种决策。

②对与工作有关的事件的主观解释，如工作志向、期望、价值观、各种需求以及对特殊工作经历的感受。要注意的是，仅凭这些因素来考察客观事件，并不能提供一种对个人职业生涯全面、丰富的理解。同样，完全依靠主观感受和价值观，也不能对某一职业生涯的复杂性做出公正评判。因此，职业生涯中主观成分和客观成分都是必不可少的。

职业生涯应消除的误区主要有以下几点。

①个人的职业角色必须与所学专业一致。例如，某人所学专业是会计，将来的职业就必须是与会计有关的工作。

②固守某一种职业。例如，职业生涯的几十年都在同一家单位/岗位工作。

③职业生涯的目的是不断得到职位的晋升。例如，有人固执地认为，工作3年应该晋升为副科长，工作5年应该晋升为正科长。

④职业生涯仅仅是找工作时才存在的一种状态。事实上，无论何人，只要参加了与工作相关的活动，就是在继续其职业生涯。

### （二）职业生涯规划

一般而言，职业生涯规划是一个人尽其可能地规划未来生涯发展的历程，在考虑个人的智能、兴趣、价值观，以及阻力、助力的前提下，做好妥善安排，并借此调整、摆正自己在人生中的位置，以期自己能完成自己的目标。

从定义可以看出，职业生涯规划是一个人主动的、有意识的行为。"尽可能地规划未来"的意义在于：对于我们所能做到的，要全力以赴；至于生命中诸多个人无法掌握的因素，如飓风、地震等突如其来的天灾人祸，我们必须冷静面对。简单来说，生涯规划就是找到引领自己坚定前进的方向。

大学生职业生涯规划可定义为大学生在大学生活阶段通过对自身和外部环境的了解，为自己确立职业方向、职业目标，选择职业道路，确定教育计划（特别是大学阶段的学习计划）、发展计划，为实现职业生涯目标而确定行动时间和行动方案。

## 二、大学生学业生涯规划

大学阶段是大学生职业生涯发展的重要准备阶段，大学学习是大学生活的主要内容，能否很好地完成大学阶段的学习，直接会影响到其几年后的就业竞争力和未来的职业生涯发展力。因此，为自己做一个合理的学业生涯规划也是职业规划中至关重要的环节。大学学习不同于高中学习，其有着更加丰富的内涵，同时也要求大学生树立全新的学习观念，优化学习方法。大学是个青春的舞台，有各种各样的社团活动和社会实践活动，大学生要充分利用这个平台，不要放过任何锻炼的机会，让自己拥有良好的素质、优秀的能力，把握机遇，时刻为毕业后的出路准备着，才能把握职场和人生的各种机会，才会活得更加精彩。

在一些发达国家，职业能力、职业倾向等的测试以及职业教育的开展从个人很小的时候就开始了，其目的就是使职业生涯规划的价值最大化。因此，大学生进校后应尽早进行职业生涯规划。如果没有必要的职业生涯规划作为指导，学生很难明确今后职业发展的方向，大学期间的学习存在盲目性，必然导致学习缺乏动力，适应社会的能力弱化。因此，职业生涯规划应该从大学生入学就开始培养、引导和训练。

### （一）大学生需要在不同学年为自己制定不同的目标

#### 1. 大学一年级——职业规划试探期

大学生在大学一年级时应加深对本专业的培养目标和就业方向的认识，

增强专业学习的自觉性，确定专业学习目标，对自己将来可能从事的职业、所学专业的特点、学习要领、以后的发展方向以及与该专业相对应的行业的具体特点、从事该行业所必须具备的基本素质和技能、从事该行业需要付出什么和将会得到什么、该行业近几年和以后的就业前景等方面，做详尽而具体的了解，并积极参加各种活动。

### 2. 大学二年级——职业规划定向期

大学二年级的大学生在学好本专业的基础知识、培养良好素养的同时，可选择一些对自己未来发展有意义的选修课，以提高自身的基本素质；通过参加各种活动锻炼自己的能力、检验自己的知识技能；可利用课余时间尽可能多地从事与自己未来职业或本专业有关的工作；注意培养自己解决问题的能力、组织能力、沟通能力，提高自己的责任感、主动性和受挫能力；增强英语口语能力和计算机应用能力，通过英语和计算机的相关证书考试；根据个人兴趣与能力修订个人的职业生涯规划，努力把自己培养成复合型人才。

### 3. 大学三年级——职业规划冲刺期

大学三年级的学生目标应锁定在提高求职技能、搜集工作信息方面，积极参加相关职业培训，尽可能获取相应的能力资格证书或职业资格证书，注意培养自己的创业能力；确定自己是否要考研究生；希望出国留学的应多接触留学顾问，参与留学系列活动，准备参加托福、美国研究生入学考试（GRE）的，注意留学考试资讯，学习写简历、求职信等。

### 4. 大学四年级——职业规划分化期

该时期是对前三年的准备做一个总结：首先，检验自己确定的职业目标是否明确，是否与自己所追求的职业目标相一致，前三年的准备是否充分；其次，开始工作申请，积极参加招聘活动，在实践中检验自己的积累和准备，并注意弥补自己的缺陷；最后是预习或模拟面试，积极利用学校提供的条件，了解就业信息，强化求职技巧。

当然，具体情况要具体对待，大学生需要针对自己的专业、教育背景和就业形势对计划做一些调整。

## （二）适应大学生活是进行学业生涯规划的第一步

### 1. 了解专业，选择副业

每个人都有一个大学梦，走进大学之前，面对眼花缭乱的专业，许多考生难免望文生义，从专业和院系的名称上大概猜想专业性质、培养目标和教学内容，等到进入大学后，揭开了专业的神秘面纱，很多同学却感到迷茫和困惑：自己所选的专业是否适合自己？如果上天能再给一次机会，自己是否还会选择现在的专业？

专业的选择决定未来职业的方向。一方面，一个人学习喜欢的专业能极大地调动学习热情，同时专业在很大程度上影响着人对职业选择的决策过程，在一定程度上也影响着一个人的职业生涯；另一方面，择业过程的变迁和社会职业的发展在一定程度上影响大学生专业的选择和高校专业的设置。

但是，随着社会高速发展，人才竞争日趋激烈，竞争使得单一专业型人才已经不能适应社会的发展需求。一方面社会需要知识面广、一专多能、综合素质高的"厚基础、宽口径、高素质"的复合型人才；另一方面，随着分配制度的改革，学生有了更大的择业自主权，他们迫切希望最大限度扩大自己的知识面，以便毕业后能有更多的择业机会，因此了解专业必须了解社会需求情况。

人生好比马拉松比赛，选择专业仅仅是比赛的开始。开始跑第一，并不代表最终就能胜利。一开始落后，也并不代表没有超越的可能。只要不懈努力，就能朝着胜利的方向迈进。无数事实也证明：一个人无论是主动还是盲目地选择了某一学科，他都无法保证这个专业一定是自己将来要从事的职业或事业。在大学毕业后，当初的专业选择只是人生过程中的一个经历而已，未来的成功绝不仅仅依靠所学的专业，更多的是靠明确的目标、坚定的信念和发展潜力，大学时的专业也不会成为职业选择的唯一条件而决定一个人的一生。大学不仅仅是传授知识，而且是一个人全面发展和自我塑造的开始。大学阶段一定程度上仍然属于通才教育阶段，是大学生各种能力培养、自我意识完善、心理特征进一步成熟的阶段。学习任何一门专业都是为了掌握学习方法，大学生在进入大学后不能仅仅把眼光局限于专业，更重要的是学会用科学的方法和积极的心态去学习，以备将来发展之用。大学生有必要接触各个学科领域，全方位学习，培养自己各方面的综合素质，不断充实自己，不断提高自己解决问题的能力，成为当今社会所青睐的复合型人才。目前，很多高校建立了主辅修制或双学位制，学生可根据自己的爱好和兴趣来选择辅修专业或双学位，通过第二专业来弥补自己专业的限制。这样既满足了学生的兴趣需求，也有利于将自己培养成为复合型人才和创新型人才。因此，大学生应该用科学合理的方法、认真慎重的态度、轻松乐观的心态去对待自己的专业，合理安排学习计划，积累适应个人职业发展需要的专业技能。

**2. 学会思考，享受独立**

"我思，故我在。"这是笛卡儿的一句名言。思想是人本身最重要的东西，做一个有思想的人，才能获得人格意义上的独立，才不会依附别人，才是真真切切的现实自我。

一切成果的取得都离不开实践。光想不干，想得再好，也于事无补；脱离实际，想入非非，还会把事情搞砸。因此，要学会从实际出发进行思考，掌握分析事物的方法，养成分析的习惯，在实践中思考，在思考中实践。

要学会思考，必须掌握一些诀窍。

（1）经常用脑，提出问题

思考对大脑来说，如机器运转，不思考的大脑就像久停的机器一样会锈蚀。研究证明，人脑智能远未被完全开发出来。经常用脑无疑是开发智能的良方，多阅读多提问，能促进脑细胞更好地新陈代谢，提高思考能力和记忆力。

（2）信息筛选，有张有弛

人脑可以储存1000万亿条信息，如此多的信息如果不加以筛选，必将互相干扰，影响记忆效果。当思考研究某一个问题时间过长时，人往往会感到疲劳，效率会下降。这时可转换一下思考的内容，或者去阅读一下图书资料，做一些娱乐活动，使紧张的脑神经松弛下来。

（3）明确目的，面面俱到

大学生做事情的时候应该将所做事情的目的铭记于心，将注意力集中在如何解决这个问题上，避免思维的不必要发散，这样就可以很快找到解决问题的方法。此外，在大学生思考的同时要面面俱到，不要有所遗漏，也不要有所忽视，任何细节的遗漏和忽视，都会影响个人所做决定的质量。因此，要辩证地思考，既要明确目的，又要面面俱到。

（4）客观思考，剔除成见

我们在认识任何一件事情的时候，都不要戴着有色眼镜去观察事物，要客观地认识周围的事物，不要被思维定式所左右，以至在思考中带着偏见，让思维陷入某种困境不能自拔。

（5）突破传统，解放思想

固有的思维模式经常会束缚人的创新思维。当我们遇到问题百思不得其解时，不妨突破固有模式，拓展思路，这时便会达到柳暗花明的境界。必要的时候，可以"狂想"，让思维突破传统模式，大胆地设想，也许会有所创造。

大学强调自我管理，大学生有更多的时间自我支配，那么学会独立思考、享受孤独就非常重要。

3. 把握时间，管理自己

走进大学校园，很多学生便觉得从此拥有了一个几乎完全属于自己的生活空间，在选课、上课、吃饭、休闲的过程中体味着自主支配时间的乐趣。而在享受这份乐趣的同时，却不曾发现时光飞逝如白驹过隙。大学四年的时光是宝贵的，也是不可再生的。因此，学会把握时间，树立强烈的时间观念，养成良好的学习和生活习惯对于大学生管理自己的大学生活、规划自己的学业生涯和未来有着至关重要的作用。

时间管理学者杰克·弗纳对时间管理的定义："有效地应用时间这种资源，以便我们有效达成个人目标。"时间管理实际上就是自我管理，它针对个人在时间管理上的种种困难，通过详尽的计划和检讨，了解如何运用有效方式提升自己工作和学习的效率。时间管理的重点不在于如何管理自己的时间，而在于如何善于从时间的角度来管理自己，自我管理才是时间管理的核心任务。

大学生要做到合理地分配自己的时间，使大学生活有序并有趣，并应注意以下问题。

（1）树立时间管理意识

树立时间管理意识，是管理好时间的前提。因为人的行为是由意识来支配的，包括欲望、目标、行动和持之以恒的毅力。有强烈的时间管理欲望，是进行有效时间管理的关键，只有在欲望的驱使下人才能制定出有效的目标并为之付出行动。只有确立合理的价值观，明确什么事对自己最重要，人才能合理分配时间，从而提高效率，充分利用时间。

（2）改变对时间的态度

俗话说"时间就是金钱"，其实时间比金钱更重要，因为有效地管理时间不仅可以带来生活质量的提高，还可以帮助我们实现理想、塑造形象、提升自我价值、实现自我管理等。

（3）列出时间清单，设定优先顺序

时间对于每个人都是公平的，合理地分配与使用时间是一个人获取成功的关键。每个人每天都有非常多的事情要做，仅靠大脑记忆，很难保证不会遗漏某些重要的事情。把自己每天要做的事情都写下来，根据"8020"原理（在日常工作中，有20%的事情可以决定80%的成果），将事情分为紧急和不紧急、重要与不重要四大类，然后有重点地处理。按照紧急的事先办，重要的事先办，重要但不紧急的事后办，不重要也不紧急的事最后办的顺序和方法处理，这样处理事情便会有条不紊、应对自如，才能使人不会被烦琐的事情搞得焦头烂额。

### 三、职业生涯规划的意义

职业生涯规划可以帮助我们突破障碍，开发自我潜能，从而达到自我实现。

大学生是一个较为特殊的青年群体。经过大学阶段的学习和生活，他们掌握了一定的专业技能，身心得到了进一步的发展，为大学毕业后的工作和生活打下了基础。大学时代是一个人职业生涯规划中的黄金时段，大学生进行职业生涯规划对于职业的选择和今后职业生涯的发展有十分重要的意义。

①有利于认清形势，准确定位，合理安排大学的学习生活。职业生涯规划的五大要素是知己、知彼、抉择、目标、行动。了解自己与社会需求之间的差距，有利于大学生合理安排大学生活，不断缩小差异，最终达到职业目标。

②有利于提升职业品质，认清就业形势，转变就业观念。职业生涯规划会引导大学生对前瞻与实际相结合的职业定位，搜索或发展新的或有潜力的职业机会。

③有利于实现"人职匹配"，提高就业满意度。职业生涯规划帮助大学生找到相对适合自己，并使自己满意的职业，降低离职率。

④有利于明确人生未来的奋斗目标。职业生涯规划可为大学生在选择符合自己的兴趣、爱好、特长，适合自己个性特点，同时又能满足自身需求的职业岗位努力中，提供有效帮助。

⑤有利于个性发展和综合素质提升。职业生涯规划是终身教育的一种形式，能引导大学生认识自身的个性特质、现有和潜在的优势，帮助大学生重新认识自身的价值并使其持续增值。

## 第二节 职业生涯规划的相关理论、原则与方法

### 一、职业生涯规划的相关理论

职业生涯是一个人长期的发展过程，在不同的发展阶段，个人有着不同的职业需求和人生追求。比如，20多岁注重多学习、长见识，把职业工作更多看成是历练的机会；30～40岁的人开始成家立业，追求人生的发展；40岁以上的人想获得稳定的地位和收入，追求事业稳定，趋向于避免风险；50岁以后，享受职业生活的恩赐，开始为退休后的生活做准备。职业生涯发展阶段的划分是职业生涯规划研究的一个重要内容。对于具体阶段的划分，不同的专家学者有不同的观点，在这里我们主要介绍三种著名的理论，即职业发展的五个阶段、施恩的人生周期分析理论和职业锚理论。

## （一）职业生涯发展的五个阶段

杰弗里·格林豪斯、杰勒德·卡拉南、维罗妮卡·戈德谢克构建的职业生涯发展的五个阶段，见表 3-1。

表 3-1　职业生涯发展的五个阶段

| 第一阶段：选择职业，为工作做准备 |
| --- |
| 典型的年龄段：大多数人是 0～25 岁，少数人不定 |
| 主要使命：建立职业方面的自我形象，对可选择的职业进行评价，初选职业，继续接受必要的教育 |
| 第二阶段：参加工作 |
| 典型的年龄段：大多数人是 18～25 岁，少数人不定 |
| 主要使命：获得所向往组织的工作，根据准确的信息选择合适工作 |
| 第三阶段：职业生涯早期 |
| 典型的年龄段：25～40 岁 |
| 主要使命：学会工作，学习组织规则和标准，适应所选职业和组织，提高能力，实现梦想 |
| 第四阶段：职业生涯中期 |
| 典型的年龄段：40～55 岁 |
| 主要使命：再次评价早期职业和青年时的使命，再次肯定或修正梦想，为中年时期做出适当的选择，保持工作能力 |
| 第五阶段：职业生涯晚期 |
| 典型的年龄段：55 岁至退休 |
| 主要使命：保持工作能力，维持他人对自己的尊重，为实际退休做准备 |

第一阶段的大多数人是在 0～25 岁，这就意味着，从儿童开始，人们就会尝试各种不同的行为方式，促使个体形成人们如何对不同的行为做出反应的印象，并帮助他们建立起一个独特的自我意识，探索和发现自己的价值观、性格、兴趣和能力。通过角色扮演，对职业和工作有一定认识和了解，逐渐形成他们对职业的态度和观念。这样的状态从儿童开始，贯穿少年和青年。从职业的角度来看，这一阶段的主要使命包括对自己进行综合评估，在分析各行各业信息的基础上，对未来的职业进行自我设计和修正。

第二阶段的大多数人是在 18～25 岁，这一阶段的主要使命是学习专业知识、辅修其他相关的知识，接受和完成工作所需要的教育或培训；参与各类社团活动，有 2～3 份实习或兼职的经验，将理论联系实践后，重新评估或制定职业选择，选定一个单位和工作。此阶段要特别提醒各位同学，自我认知的领域很复杂，工作领域的知识同样如此。收集信息、分析信息和评估信息是非常重要的环节，需要大家高度重视，认真对待。否则，学生将会在不完全和不实在的信息基础上作出职业选择。这样的结果，将直接导致个人对职业和工作环境的不满，在低落的情绪中工作。

第三阶段与青年期基本一致，青年期主要遇到的问题有两方面：一是为自己在成人世界找一个立足点；二是沿着自己选择的道路去奋斗。选择好职业和最初工作后，人们的关键使命就是学会工作，在个人职业和组织中站住脚。在职业的入门阶段，个人可能更多的是一个多面手，新雇员除了必须掌握工作技术，还必须学习组织的规范、标准，达到组织的要求，从事一些宽口径的入门工作，其目的在于了解你所从事的工作概况以及它与公司的适配程度。通常，这一阶段会持续6个月到几年的时间。随着个人对工作熟练度地增加、职位的升迁，个人已经不太在意如何去适应组织，会将更多的注意力集中于如何拥有获得感，如何获得成功，可能会产生自己创业的想法，可能会想拥有一套别墅、一辆豪车，可能会想拥有更多的财富，可能会想成为朋友圈中有影响力的人，因此职业生涯的早期阶段也属于立业期或奋斗期。

第四阶段是青年期和中年之间的过渡，始于中年转型期。在这一时期，个人所从事的工作会逐渐专业化。人们可能预料到需要花费多年时间才能晋升到中层管理职位或当上技术专家。因此，在这一阶段，人们可能会频繁地在不同专业领域之间转换工作。在每一条职业路径中，个人会注意到这一阶段中的工作种类是宽泛的。人们对成功的追求可能会发生一些变化，会思考如何在工作、家庭和朋友之间取得平衡，接受更有挑战性的工作，想在实现自我目标的同时，帮助别人实现目标。需要着重指出的是，许多成功的职业是以中层管理职位和专业性强的工作为中心发展而来的。这些工作在公司中都扮演着重要角色，因为高级管理工作更加注重的是人们在这些职位上的工作经验和专业知识的积累。一份有价值的职业之所以能够保证该领域中相关工作的正常开展，是因为它能够对公司产生不可估量的影响并能为个人提供多样化的挑战。

第五阶段是职业生涯的晚期，它将会使你得到更重要的专家职位。同时，人们需要继续保持对组织的生产活力，维持自我价值感和尊严感。在这个阶段，人们对成功的理解可能也会发生一些变化，想做一名志愿者，想做一些自己喜欢做的事情，想培养一批出色的员工。此时，个人还需要做好一定的心理准备。因为，通常自身条件的变化和社会对老人的偏见都会造成阻碍。个人还要为退休的临近未雨绸缪，这样在正式退休的时候才不会给自己带来破坏性的影响，退休后的生活也才能令人满意。

（二）施恩的人生周期理论

施恩的人生周期理论按生物社会周期和职业社会周期来划分。下面就分别介绍施恩的这两种周期理论。

**1. 生物社会周期理论**

在生物社会周期中，人生发展主要与年龄有关，同时受到社会法律和社会文化等因素的影响，并且个人的生物因素与家庭背景因人而异。大致上可以分为五个部分。

① 18～30 岁。其发展特点为充满活力、热情奔放、理想主义、成家立业。

② 30 岁左右。其发展特点为慢慢安定下来，重新审视和调整人生坐标；富有责任感，人生机会与挑战最为强烈。

③ 50 岁左右。其发展特点为身体日衰，感到时光如梭；待人更加圆滑、成熟、宽厚；应付空巢失落感，夫妻相依为命；求安稳与满足，为退休、财务、社交和健康的变故做准备。

④ 60 岁左右。其发展特点为面临退休，适应简化地位和工作角色；应付健康和精力下降及出现的内在偏见；为生活标准明显降低、亲友或配偶逝世等问题伤神、烦恼。

**2. 职业社会周期理论**

施恩立足于人生不同年龄段面临的问题和职业工作主要任务，提出了职业社会周期理论，将职业生涯分为九个阶段。

（1）成长、幻想、探索阶段（0～21 岁）

该阶段主要任务为①发展和发现自己的需要和兴趣、能力和才干，为进行实际的职业选择打好基础；②学习职业方面的知识，寻找现实的角色模式，获取丰富信息，发展和发现自己的价值观、动机和抱负，做出合理的受教育决策，将幼年的职业幻想变为可操作的现实；③接受教育和培训，开发工作世界中所需要的基本习惯和技能。在这一阶段所充当的角色是学生、职业工作的候选人、申请者。

（2）进入工作世界（16～25 岁）

本阶段主要任务是首先，查看劳动力市场，谋取可能成为种职业基础的第一项工作；其次，个人和雇主之间达成正式可行的契约，个人成为一个组织或一种职业的成员，充当的角色是应聘者、新学员。

（3）基础培训（16～25 岁）

与上一正在查看职业工作或组织阶段不同，要担当实习生、新手的角色。也就是说，此时人们已经迈进职业或组织的大门。此时的主要任务：一是了解、熟悉组织，接受组织文化，融入工作群体，尽快取得组织成员资格，成为一名有效的成员；二是适应日常的操作程序，应付工作。

（4）早期职业的正式成员资格（17～30岁）

其主要任务为①承担责任，履行与第一次工作分配有关的任务；②发展和展示自己的技能和专长，为提升或寻求在其他领域的横向职业成长打基础；③根据自身才干和价值观，根据组织中的机会和约束，重估当初追求的职业，并决定自己是否留在这个组织或职业中，或者在自己的需要、组织约束和机会之间寻找一种更好的配合。

（5）职业中期（25岁以上）

该阶段主要任务为①选定一项专业或进入管理部门；②保持技术竞争力，在自己选择的专业或管理领域内继续学习，力争成为一名专家或职业能手；③承担较大责任，确定自己的地位；④开发个人的长期职业计划。

（6）职业中期危机阶段（35～45岁）

本阶段主要任务为①现实地估价自己进步、职业抱负及个人前途；②就接受现状或者争取看得见的前途做出具体选择；③建立与他人的良好关系。

（7）职业后期（40岁直到退休）

其主要任务为①成为一名良师，学会发挥影响，指导、指挥别人，对他人承担责任；②扩大、发展、深化技能，或者提高才干，以担负更大范围、更重大的责任；③如果求安稳，就此停滞，则要接受和正视自己影响力和挑战能力的下降。

（8）衰退和离职阶段（40岁到退休）

本阶段主要任务为一是学会接受权力减少、责任减轻、地位下降；二是基于竞争力和进取心下降，要学会接受和发展新的角色；三是评估自己的职业生涯，着手退休。

（9）离开组织或职业—退休

在失去工作或组织角色之后，人们面临两大问题或任务：①保持一种认同感，适应角色、生活方式和生活标准的急剧变化；②保持一种自我价值观，运用自己积累的经验和智慧，以各种资源角色，对他人进行传帮带。

需要指出的是，施恩虽然基本依照年龄增大顺序划分职业发展阶段，但并未囿于此，其阶段划分更多的是根据职业状态、任务、职业行为的重要性。正如施恩教授划分职业周期阶段是依据职业状态与职业行为和发展过程的重要性，又因为每人经历某一职业阶段的年龄有别，因此，其只给出了大致的年龄跨度，并在各职业阶段上所示的年龄有所交叉。

**（三）施恩的职业锚理论**

职业锚是进行职业生涯规划时另一个必须考虑的要素。职业锚是指当一个人做出职业选择时，最难以舍弃的选择因素，也就是一个人选择和发展一生的职业时所围绕的中心。职业锚分为以下八种类型。

1. 技术职能型

技术职能型的人愿意在专业领域里发展，追求在技术或职能领域的成长和技能的不断提高，并且应用这种技术职能的机会。他们对自己的认可来自他们的专业水平，他们喜欢面对专业领域的挑战；他们往往不喜欢从事一般的管理性质的工作，因为这将意味着他们放弃在技术/职能领域的成就。在我国，过去经常将技术拔尖的科技人员提拔到领导岗位，但他们本人往往并不喜欢这个工作，而是更希望能继续研究自己的专业。

2. 挑战型

挑战型的人喜欢解决看上去无法解决的问题、战胜强硬的对手、克服无法克服的困难和障碍，对他们来说，做一件事情的原因就是这件事情允许他们去战胜各种不可能，他们需要新奇、变化和困难，如果事情变得很容易，他们就对此失去了兴趣。

3. 生活型

生活型的人希望将生活的各个主要方面整合为一个整体，喜欢平衡个人的、家庭的、职业的各种需要，因此生活型的人需要一个能够提供"足够弹性"的工作环境来实现这目标。他们对成功的定义远远超出了职业的范围，相对具体的工作环境和工作内容，他们更关注自己如何生活、在哪里居住、如何处理家庭事宜等方面的问题。

4. 管理型

管理型的人有强烈的愿望去做管理他人的工作，同时经验也告诉他们自己有能力达到高层领导职位。他们倾心于全面管理，追求权力，具有强烈的升迁动机和价值观，追求并致力于职位、收入的提升，善于与人沟通，具有较强的分析能力和领导、操纵、控制他人的能力，对组织有很大的依赖性，他们愿意承担整体的责任，把组织的成功看成自己的工作，而把具体的技术职能型的工作作为通向更高、更全面的管理层的途径。

5. 服务型

服务型的人一直追求他们认可的核心价值观，他们喜欢帮助他人，如医师、护士、社会工作者。在较少他人支持的情况下会有向更大自由度的职业如咨询师上转变的倾向。即使变换了工作岗位或单位，他们也不会接受不允许他们实现这种价值观的变动或提升。他们希望根据自己的贡献得到公平的回报，将此类个体晋升到有更大影响力和工作自由度的职位是比金钱更大的激励，其需要来自上司和同事的赞扬和支持，其需要感到自身价值被高层管理者认可。

#### 6. 创造型

创造型的人希望建立完全属于自己的东西，用自己的能力去创建自己的公司，或以自己名字命名的产品与工艺，或是能反映个人成就的私人财产，而且为此愿意冒险。他们认为只有这些实实在在的事物才能体现自己的才干。该类型的具有强烈的创造需求和欲望，他们可能正在别人的公司里工作，但他们一直在学习和寻找机会，一旦时机成熟，他们会义无反顾地去创立自己的事业。

#### 7. 安全稳定型

安全稳定型的人最关心的是职业的长期稳定性与安全性。他们为了安定的工作、可观的收入、优越的福利与养老保障等付出努力。对他们来说，一份安全稳定的职业、一笔体面的收入、优越的福利与良好的退休保障是至关重要的。尽管有时他们能达到一个较高的职位，但他们并不关心具体的职位和工作内容。

#### 8. 自主独立型

自主独立型的人更喜欢独来独往，希望随心所欲安排自己的工作方式、工作习惯和生活方式，追求能施展个人才能的工作环境，最大限度摆脱组织的限制和制约。他们宁可放弃提升和工作发展的机会，也不愿放弃自由和独立。很多有这种职业向往的人同时也有相当高的技术型职业定位。但是他们不同于那些单纯技术定位上的人，他们并不愿意在组织中发展，而是宁愿做一名咨询人员，或是独立开业，或是与他人合伙开业。其他自由独立型的人往往会成为自由撰稿人，或是开一家小零售店。

上述几种职业锚之间可能会存在交叉，但是每一种最强烈、最突出、最易识别的特征就是你的职业锚。由于职业锚是个人与工作环境之间相互作用的产物，它不可能像职业性那样通过各种测评来预测，而必须通过若干年实际工作的内化沉积才能被发现。在此之前，我们不得不在职场的车道上碰撞、寻觅。

职业锚实际上是内心中个人能力、动机、需要、价值观和态度等相互作用和逐步整合的结果。在实际工作中，通过不断审视自我，逐步明确个人的需要与价值观，明确自己擅长所在及今后发展的重点，最终在潜意识里找到自己长期稳定的职业定位，即职业锚。

此外，帕森斯的特质因素理论、霍兰德的人格类型理论、罗伊的亲子影响理论、鲍丁的心理动力理论、克朗伯兹的社会学习理论、金斯伯格的生涯发展阶段理论等对职业生涯规划也有较大的影响。

## 二、职业生涯规划的步骤

职业生涯规划不但是要寻找自己喜欢且适合自己的工作，也要考虑什么样的工作会带来什么样的生活。科学的生涯规划包含了知己、知彼、抉择、制定目标和行动五大要素，具体依照以下七个步骤进行。

### （一）确立志向

"志不立，天下无可成之事。"综观古今中外各行各业的佼佼者，都有一个共同的特点，就是具有远大的志向。职业理想是指人们对未来职业表现出来的一种强烈的追求和向往，是人们对未来职业生活的构想和规划。大学生树立职业理想的过程，便是在心目中进行职业生涯规划的过程，一旦在心目中有了自己认为理想的职业，大学生就要依据职业理想的目标，去规划自己的学习和实践，并为获得自己认为理想的职业而做各种准备。职业生涯是一条险象环生但同时也充满机遇的道路，在这条道路上，只要不放弃目标，每一次挫折、每次失败都是有价值的。

### （二）自我探索

一个有效的职业生涯设计，必须在充分且正确地认识自身条件与相关环境的基础上进行。自我探索包括自己的兴趣、特长、性格、学识、技能、智商、情商、思维方式、道德水准以及社会中的自我等内容。

作为刚开始大学生活的新生，应该尽可能多地积累知识和能力，发展自己的兴趣、爱好等。这些有助于大学生更好地给自己定位，发现自己在哪一方面更有潜力。对于中国的大学生来说，由于信息的不对称，大多数人在选择专业时是没有经过认真考虑和调研的。进入大学之后有足够的时间和条件来重新考虑这个问题，让自己选择一个真正感兴趣和适合的专业。

### （三）环境评估

判断一项职业是否满足自身的需求，需要本人去了解该职业的工作内容、薪资水平、所需要的技能、工作条件及晋升的机会等。在职业生涯规划中，当自己做决定时，就应该对自己的职业选择有清楚的了解。环境因素评估主要包括：组织环境、政治环境、社会环境、经济环境。因此，在制定个人的职业生涯规划时，要分析环境条件的特点、环境的发展变化情况、自己与环境的关系、自己在这个环境中的地位、环境对自己提出的要求以及环境对自己的有利与不利条件。

### （四）确定职业发展目标

目标是指引我们获取生活中想要获得的东西的路标。职业生涯目标是指一个人渴望获得的与职业相关的结果。在确立目标时，可以这样去做：第一，要知道自己一直想做的事，这样会找到自己的兴趣，一个人在最寂寞的时候也不放弃的心中那份追求就是自己想做的事情。第二，一个人现在能做的，包括他的知识、经验、技能、思维方式（一个人大学后应该具备的能力）等，这样能保证其可以找到自己的切入点。第三，自己将来要做的，一个人的职业期望是什么。将三者结合起来就可以找到自己的职业目标。这样建立的职业目标自己不会不喜欢，也不会发生自己现在不能切入的问题，而一个人一旦进入就会坚持下去，因为其现在就是在为自己的将来做准备。

生涯目标的设定，其抉择是以自己的最佳才能、最优性格、最大兴趣、最有利的环境等条件为依据。从目前的就业环境来看，选择职业发展目标时，切忌贪高贪快。通常生涯目标按时间长短可以划分为短期目标、中期目标、长期目标。设定的目标越具体，实现的可能性就越大。一个具体的目标包括具体的行动方案、条件和时间计划，在确立目标时得明确：我愿意为之做出多大的牺牲？完成大目标和小目标的时限是多久？目标高到了不能实现的地步吗？怎样在实现目标之后奖励自己？

### （五）设定职业发展路线

职业发展路线是指当一个人选定职业之后为实现其职业目标和职业理想所选择的路径。一个人在选定职业并确定目标之后，由于发展路线不同，对其要求也就不同。因此，即使同一职业，也有不同的岗位，有的人适合搞行政，可在管理方面大显身手，成为一名卓越的管理人才；有的人适合搞研究，可在某一领域有所突破，成为一名著名的专家学者；有的人适合搞经营，可在商海大战中屡建功勋，成为一名经营人才。如果一个人选择的方向和路径不正确，再多的尝试过程都是徒劳的。

### （六）制定行动方案

空有计划无行动一切便如梦幻泡影。有些大学生的职业规划程序做到决策的时候就停止了，可是若不行动，选择就没有了意义。因此，大学生确定目标后，需要把目标转化成具体的方案和措施。目标与现实之间总是存在差距的，从观念、知识、能力、心理等方面寻找差距，然后制定改进措施，这就是行动方案的制定。比如，如何提高综合能力、如何改进不良习惯、如何培养特长、如何完善人格、如何改掉缺点、如何提高成绩并寻求弥补差距的办法等。

### （七）反馈与评估

生涯规划不单是在做人职匹配的工作，而且是一个周而复始的历程。职业生涯规划的评估与反馈过程是个人对自己不断认识的过程，也是对社会不断认识的过程，是使职业生涯规划更加有效的有力手段。

成功的职业生涯设计需要时时审视内外环境的变化，妥善、快速地将新信息吸纳到个人的职业计划中去，调整自己的前进步伐，以一种积极向上的态度应对难以预料的困难。目标的存在只是为个人的前进指示一个方向。而大学生就是它的创造者，其可以在不同时间、不同环境下更改它，让它更符合自己的理想。

## 三、大学生职业生涯规划的原则

### （一）择己所爱

从事一项自己所喜欢的工作，工作本身就能给人一种满足感，自己的职业生涯也会从此变得妙趣横生。有关调查表明，兴趣与成功之间有着明显的正相关性。在设计自己的职业生涯时，务必注意考虑自己的特点，珍惜自己的兴趣，择己所爱，选择自己所喜欢的职业。

### （二）择世所需

社会的需求在不断演化着，旧的需求不断消失，新的需求不断产生，新的职业也不断产生。因此，在设计自己的职业生涯时，大学生一定要分析社会需求，择世所需。最重要的是目光要长远，能够准确预测未来行业或者职业发展方向，以此做出选择。选择时要考虑的是这种职业不仅有社会需求，而且这个需求要长久

### （三）择己所利

职业是个人谋生的手段，其目的在于追求个人幸福。因此，一个人在择业时，首先考虑的是自己的预期收益，即个人幸福最大化。明智的选择是在由收入、社会地位、成就感和工作付出等变量组成的函数中找出一个最大值，这就是选择职业生涯中的收益最大化原则。

### （四）择己所长

任何职业都要求从业者掌握一定的技能，具备一定的能力条件。而一个

人一生中不能将所有技能都全部掌握。因此，大学生必须在进行职业选择时择己所长，从而有利于发挥自己的优势，运用比较优势原理充分分析别人与自己，尽量选择自己技能优势明显的行业。

### （五）择己所向

职业生涯规划是个人与社会、组织相结合的变量，我们随着自己学识的提高、志趣的转移，对自己的职业生涯会有新的认识和调整。职业受社会各种条件变化的影响在不断变化，更重要的是大学生在校学习是对未来职业的准备，毕业后要走向现在未知的社会组织，这其中就存在着个人规划和未来组织规划相吻合的问题。职业生涯规划的目的绝不只是协助个人按照自己的资力条件找份工作，或设计一条不变的职业发展路径，更重要的是帮助个人真正了解自己，为自己定下事业大计，进一步详细估量内外环境的优势和限制，设计出各自合理且可行的职业生涯发展方向。在职业生涯的道路上，重要的不是目前所处的位置，而是下一步的方向。

## 四、职业生涯规划的方法

### （一）态势分析法

态势分析法（SWOT）分析是市场营销管理中经常使用的具有强大功能的分析工具：S代表优势，W代表弱势，O代表机会，T代表威胁。其中，S、W是内部因素，O、T是外部因素。求职者在进行SWOT分析时，应遵循以下四个步骤：一是评估自己的长处和短处；二是找出自己的职业机会和威胁；三是提纲式地列出今后五年内自己的职业目标；四是提纲式地列出一份今后五年的职业行动计划。

### （二）个人职业表现发展档案

个人职业表现发展档案英文缩写为PPDF。发达国家的许多企业都使用PPDF来将自己的员工形成一种合力，形成团队，提升团队凝聚力，使他们为了单位的目标去努力实现自我价值，实现双赢。

PPDF是两本完整的手册，个人将PPDF的所有项目都填好后，交给直接领导一本，员工自己留下一本。员工要告诉领导自己想在什么时间内，以什么方式来达到自己的目标。领导会同员工一起研究，分析其中的每一项，给员工指出哪一个目标其设计得太远，应该再近一点；哪一个目标设计得太近，可以将它往远处推一推。领导也可能告诉员工，在什么时候应该和业余培训单位联系，领导也可能会亲自为员工设计一个更适合其发展的方案。总之，在建立 PPDF 时，员工将单独和其信任的领导一同探讨自己该如何发展、奋斗。

### （三）职业测评法

职业测评是一种了解个人与职业相关的各种心理特征的方法，即职场的心理测评。它通过一系列科学的手段对人的基本心理特征，包括能力、兴趣、性格、气质、价值观等方面进行测量和评估，分析个人的特点，再结合工作要求，帮助其进行职业选择。

这些测试都需要大学生到正规的职业规划机构去做，需要有专门的测评咨询人员和职业规划指导师。需要大学生注意的是，职业测评是人对人的测试，具有相对性。一方面，测评方案的设计及测试活动实施都是凭借施测人的个人经验进行的，而不同的施测人对测评目标的理解、测评工具的使用及对测评结果分数的解释都难免带有个人色彩，不可能完全一致；另一方面，作为测评对象的人，其素质是抽象模糊的，其构成是极其复杂的，且测评工具本身也有一定的局限性。因此，我们只能把测评的结果和职业规划指导师的意见作为参考，规划适合自己的职业生涯，还需要结合自己的特点。

### （四）便捷式生涯规划法

伍德曾整理出七种一般人常用的便捷式生涯规划法，分别是以下几点。

①自然发生法：按时间的延续，就着环境，顺其自然发展。
②目前趋势法：随大流，盲目投入新兴的热门行业。
③最少努力法：选择最容易的活法，但希望最好的结果。
④拜金主义法：选择待遇最好的行业、报酬最高的职位。
⑤刻板印象法：以性别、年龄、社会地位等刻板印象来选择工作。
⑥橱窗游走法：走马观花浏览一番各种工作场所，再选择最顺眼的工作。
⑦假手他人法：把未来交给别人来决定。

以上生涯规划通常被称为知识导向、配合导向、人群导向，其优点是省时省力，不用花费太多的心思，在短时间内的效率很好，类似方便面，但无法根据个人的能力、特征做长远的规划，将来面临的生涯风险较高。

### （五）"5W"归零思考法

用五个问题归零思考，这五个问题如下所述。

①我是谁（Who am I）。一个人应该对自己进行一次深刻反思，比较清醒地认识自己的优点和缺点，并一一列出来。
②我想干什么（What do I want）。这是对自己职业发展的一个心理趋向

检查。每个人在不同阶段的兴趣和目标并不完全一致，有时甚至是完全对立的，但随着年龄和经历的增长而逐渐固定，并最终锁定自己的终生理想。

③我能干什么（What can I do）。这是对自己能力与潜力的全面总结，一个人职业的定位最根本的还要归结于他的能力，而其职业发展空间的大小则取决于自己的潜力。对于一个人潜力的了解应该从几个方面着手，如对事情的兴趣、做事的韧性、临事的判断力，以及知识结构是否全面、是否及时更新等。

④环境支持或允许我干什么（What can support me）。这种环境支持在客观方面包括本地的各种状态，比如经济发展、人事政策、企业制度、职业空间等；人为主观方面包括同事关系、领导态度、亲戚关系等，两方面的因素应该综合起来考虑。

⑤自己最终的职业目标是什么（What can I be in the end）。明晰了前面四个问题，就会从各个问题中找到对实现有关职业目标有利和不利的条件，列出不利条件最少的、自己想做而且又能够做的职业目标，那么有关"自己最终的职业目标是什么"自己自然就有了一个清楚明了的框架。

**（六）"三角模式"职业生涯规划法**

美国伊利诺伊大学的斯威思教授为帮助大学生对自己的职业生涯做出良好规划，提出了职业生涯规划的"三角模式"。斯威思认为，职业生涯目标的决策来自三个方面的依据，即"自我""环境""教育与职业"。职业生涯规划的过程，就是通过价值观、个人兴趣、个人风格的自我评估，结合本人对来自家庭和所在环境等社会背景的助力和阻力的分析，再根据自己在教育与职业的实践、考察中树立起来的榜样，逐渐发展对自己职业生涯的认同，最终建立起自己的职业生涯目标。

## 第三节 职业生涯规划的影响因素

### 一、个人因素

#### （一）个性特质

**1. 性格**

性格在我们的职业乃至一生中都会起到很大作用，我们也会常常听到性格决定命运这样的话，每一个人都会有自己独特的个性，因此每一个人的职业和人生也就不同，正是因为性格不同也就造就了形形色色的人。

### 2. 气质

气质是人的典型的稳定的心理特点，一般分为胆汁质、多血质、黏液质和抑郁质四种。四种气质各有利弊，没有好坏之分，了解气质类型关键在于认识到自己的优缺点，适当扬长避短。气质虽然分为四种，生活中人们却很少单纯属于哪一种，一般的人都是几种气质的混合，只是在这几种气质中，更倾向于其中的某一种。在选择职业上，气质特点往往会影响人的职业选择和发展。

### 3. 兴趣

兴趣对职业生涯的规划影响巨大。诺贝尔物理学奖获得者丁肇中说过："兴趣比天才重要。"实践证明，在影响个人职业生涯规划与发展的众多主观因素中，兴趣就像一双无形的手，对职业生涯的发展产生影响，因此兴趣自然是职业选择应考虑的重要因素之一。现在有一大部分人在从事自己不喜欢的工作，这也是造成人们产生职业倦怠和职业边缘化的一个主要原因。

### 4. 能力

能力是一个人完成任务的前提条件，是影响其工作效果的基本因素。职业发展和卓越能力之间有不容置疑的直接关系。因此，了解自己的能力倾向及不同职业的能力要求对合理地进行职业选择具有重要意义。能力不同，对职业的选择就有差异。很多人在选择工作的时候，常常考虑的是我想做什么、我适合做什么，但有时却忽略了我能做什么。一些职业往往要求就业者具备一定的教育背景，具备一定的职业理论基础知识。从事某一职业前，一般需要从业者获得某个专业的一定学历、取得一定的成果、得到一定的荣誉、建立一定的社会关系等。一些职业还要求就业者具备一定的业界服务经验，具备一定的独立工作技能。而这些一般是个人在工作中，通过职业实践、职业培训与职业再教育不断获得和丰富的。

## （二）身心状况

### 1. 健康

健康对于职业选择特别重要，几乎所有的职业都需要从业者具备健康的身心。有人问古希腊哲学家赫拉克利特身体健康的重要程度，他说："如果没有健康，智慧就无法表露，文化就无法施展，力量就无法战斗，知识就无法利用。"不仅如此，职业适应也与身心状况有内在的关系，有的职业要求从业者具有一定的视力、身高、体重；有的职业要求从业者具有反应敏捷。

### 2. 年龄和性别

年龄和性别对职业生涯规划的影响也不容忽视。对工作的态度和看法、对机会尝试的勇气、完成任务的能力和经验，不同年龄的人表现有所不同。古人所谓"三十而立，四十不惑，五十知天命，六十耳顺"是有深刻道理的。性别因素在职业发展中同样扮演着重要角色，有些职业性别隔离严重存在，很少有人能忽视性别问题。当然，如果自己坚信男女两性在智慧和能力上基本相同，那么性别对事业选择和事业成功的影响就会小得多。

## （三）职业价值观

职业价值观是指个人对客观事物及对自己行为结果的意义、作用、效果和重要性的总体评价，是对什么是好的、是应该的总的看法，是推动并指引一个人做决定和采取行动的原则、标准。职业价值在人们的职业生涯发展中起到了极其重要的、决定方向的作用，甚至往往超过了兴趣和性格对我们的影响。当我们与工作有矛盾冲突，或妥协与放弃时，常常也是出于价值观的考虑。很少有工作能够完全满足一个人所有的重要价值观要求，生活中亦如此。因此，我们总是要不断妥协和放弃，这是不可避免也是必要的，因此大学生需要明晰自己的价值观并进行排序，这样才能知道如何取舍。

# 二、环境因素

环境因素包含家庭环境因素、重要他人因素、社会资本因素、社会环境因素等。

## （一）家庭环境因素

家庭环境的影响使个人在职业发展过程中不断修正、调整，并最终确立职业理想和职业目标规划。首先，家庭教育方式的不同，造成个人认识世界的方法不同；其次，父母的职业是孩子最早观察模仿的对象，孩子必然会受到父母职业技能的熏陶；最后，父母的价值观、性格、人际关系等对子女职业的选择会起到直接或间接的深刻影响。

## （二）重要他人因素

一个人生命中的重要他人、朋友和同龄群体的生命历程与榜样事迹，以及他们的工作价值观、工作态度、行为特点等不可避免会影响到个人对职业的偏好和选择。

## （三）社会资本因素

社会资本理论认为，个人所拥有的社会资本对职业发展过程及其后果具有巨大的影响力。信息不对称阻碍了劳动力与相关就业岗位的有效匹配,而社会资本则有可能提供就业信息,缩短失业期限,节约就业信息搜寻成本。对拥有就业岗位资源的人来说,为求职者直接提供职业岗位,也就为求职者实现就业提供了巨大帮助。但也应看到它的消极影响,如社会资本的负外部性给整个社会带来的消极结果、社会资本在局部人群中的狭隘性造成的"社会隔离"等。这就要求我们在职业生涯中利用社会资本时尽量扬长避短。

### (四)社会环境因素

社会环境主要是指政治制度和氛围、经济发展水平、社会文化环境、价值观念、人才市场的管理体制、职业的社会评价等。社会环境因素决定了社会职业岗位的数量、结构、层次等,决定了人们对不同职业岗位的接受、赞誉或贬低的程度,决定了个人步入职业生涯的基本方式、开始职业生涯后的基本态度以及由此引起的个人职业生涯的变化。比如,在计划经济和市场经济条件下,国家对高校毕业生就业的管理方式是截然不同的。在计划经济体制下,国家对大学生进行统一分配,毕业生和用人单位均无自主权;在市场经济体制下,随着高校教育体制改革的不断深入,我国高校在国家方针政策和宏观调控下普遍建立了学校和各级政府推荐,学生和用人单位双向选择的毕业生就业工作模式。用人单位和大学毕业生都有了选择的自主权。行业的特点、现状、未来趋势、就业竞争状况等,对个人职业发展的影响和制约作用很大,需要个人面对现实认真、谨慎斟酌,再对自己的职业进行有效选择。

# 第四章 大学生如何应对就业心理冲突与挫折

随着我国高等教育由精英教育向大众教育的转变,高校毕业分配制度的改革,大学生毕业就业竞争将越来越激烈,因此大学生就业时常常产生各种心理矛盾和冲突,遇到各种挫折,导致心理失衡,既影响就业,还影响心理健康,因而加强大学生就业的心理冲突与挫折的调适,是对毕业生进行就业指导过程中十分重要的内容。

## 第一节 就业的心理冲突

### 一、心理冲突概述

#### (一)心理冲突的含义

心理冲突,就是内心的一种矛盾状态。它是指两种或两种以上不同方向动机、欲望、目标和反应同时出现,两种对立的情绪、行为倾向、价值观同时存在,由于它们互相对应而引起的紧张情绪。

心理冲突是心理不平衡的重要原因,也是产生挫折感的重要来源。在很多时候,冲突和挫折总是分不开的,心理冲突会直接导致挫折。我们之所以将心理冲突与挫折分开来讲,是由于有的时候心理冲突会直接引起内心的焦虑,而没有挫折体验。

#### (二)心理冲突的主要形式

**1. 双趋冲突**

双趋冲突又称正冲突,是指两种对个体都具吸引力的需要目标同时出现,由于条件限制,个体无法同时采取两种行动所表现出的动机冲突,即鱼和熊掌难以取舍的心理困境,两个动机促使个体在行动上追求两个目标,而两个目标又无法同时兼得。这种两者难取其一的心态,就属于双趋冲突。

**2. 双避冲突**

双避冲突又称负冲突,是指个体回避一个威胁性目标的同时,又面临另一个威胁性目标的出现。它是一种左右为难的心理困境。当个体发现两个目标可能同时具有威胁性，因而引起两者都要逃避的动机，但是两难之中必须接受其一时，便形成双避冲突。

### 3. 趋避冲突

趋避冲突，又称正负冲突，是指个体的动机为满足某一需求指向一个目标的同时又受威胁而需要回避，即对一目标既趋向又拒绝的两种不同的心态。它是一种进退两难的心理困境。当个体遇到单一目标的同时又怀有两个动机时，一方面好而趋之，另一方面恶而避之，即形成趋避冲突。比如，很多大学毕业生到公司里求职，面对提供高工资但不提供住房的公司时，在去与不去之间拿不定主意，形成冲突，焦虑就会产生。

现实生活中，大学生的内心冲突都是由多重的"趋"和"避"构成的。因此，在就业过程中难以作出选择时，就会产生强烈的焦虑。

## （三）心理冲突的后果

心理冲突可以使一个人平静而舒畅的心情变得紧张、烦恼与不安。其造成的后果主要有以下几点。

### 1. 产生不同的情绪反应

不同类型的冲突会引起不同的情绪反应。面临双趋冲突的人心境是兴奋的，面对趋避冲突的个体可能体验到喜忧参半的感受，而面对双避冲突的人则可能感到极端的焦虑。

### 2. 行为的阻塞

任何冲突的心理困境，都会导致程度不一的暂时性阻塞现象。阻塞的持续时间，要看冲突的性质而定。双趋冲突的心态较少引发行为阻塞现象，即使是引发了也不会长时间转换。而双避冲突易使人处于较长时间的行为阻塞。因为个体无论向哪一行为目标接近都会增加其对该目标的回避，因此又不得不回到原来的双避心态。

### 3. 不健康心态的产生

冲突带来的往往是不愉快的体验甚至是极难受的焦虑。如果冲突情境长期得不到合理解决，个体不仅会出现防御性反应，严重时还会导致神经症等严重的心理疾病。

### 4. 行为的易变或不稳定

行为易变的人是内心冲突较多的人。而情绪稳定，做法前后一致的人是内心冲突少的人。处于冲突状态的个体若不是因各种反应力量的抗衡而动弹不得，就是因这些相抗衡的力量不易继续保持平衡，容易受外界刺激的少许改变导致行为的前后不一致。

## 二、大学生心理冲突的主要内容

### （一）理想与现实矛盾

大学生在就业中对理想的追求强烈而远大，他们踌躇满志，豪情满怀，准备在社会上成就事业。但由于他们涉世尚浅，对社会了解还不够深，理想往往脱离客观条件，在择业上与社会需要存在差距，普遍留恋条件舒适的大城市，追求社会地位高、经济效益好的工作岗位，而不愿到边远地区或条件较差的地区去工作。许多大学生都想成为"上层人士"，想走商业巨子之路。他们并未真正思考自己的理想与现实之间的差距，也很少考虑所定的目标是否有利于个人的发展，甚至不了解自己的气质、性格、兴趣适合何种工作，因而出现理想与现实之间的矛盾。

### （二）亲情与爱情的矛盾

亲情与爱情的矛盾也是毕业生经常遇到的烦恼。现在的大学生中独生子女增多，父母大多希望他们毕业后回到自己身边，尤其是女生，家长更加不放心她们独自在外地生活。那些在读书期间谈恋爱的大学生，毕业时为了能到一起，想尽了办法，但由于父母的期盼，又增添了许多烦恼。

### （三）"鸡头"与"凤尾"的矛盾

在大学生中经常会发生做"鸡头"还是做"凤尾"的辩论，也就是到小地方做人才还是到大地方做闲人，这个问题至今也是见解各异。在大城市或者沿海开放城市，经济发展迅速，机遇相对较多，但这类地区人才相对饱和，大学生到处都是，不足为奇，因而在这些地方工作只能做"凤尾"。相反，一些中等城市和广大农村地区，人才相对匮乏，大学生还不多见，到这样的地方工作，必然会做"鸡头"。然而，"鸡头"虽好但吃苦较多，"凤尾"虽然埋没人才但很安逸，这是一个矛盾，对于许多毕业生来说，这是一个两难选择。这一矛盾不仅表现在就业地域方面，也表现在对工作单位的选择上。

### （四）所学专业与未来工作的矛盾

不少大学生对自己的专业看得很重，在择业中只要专业不对口就认为不适合自己，但在现实社会中，真正完全与所学专业对口的工作是不多的，于是就产生了所学专业与未来工作的矛盾。其实，教育更多的是以能力为本位，以就业为导向,培养高级技能型应用人才,因此毕业生完全不必为学不能致用而苦恼。许多大公司更是对专业看得很淡,如宝洁公司在招收毕业生时就根本不限制专业,仅对应聘者进行基本能力测试和面试。

### (五)渴望竞争与缺乏勇气的矛盾

就业制度的改革,为大学生的择业提供了公平、平等的竞争环境。大多数学生对此渴望已久,他们认识到,在激烈的市场竞争条件下,如果没有强烈的竞争意识,就不可能成就一番事业,但面对社会为其提供的竞争机会时,许多大学生顾虑重重,缺乏勇气,有的怕竞争失败丢面子,有的怕竞争失败伤和气,有的担心社会不正之风干扰太大,他们把不愿参与竞争的原因归结到外界。其实,真正的原因是自己主观努力不够,缺乏实践的能力和勇气,尤其一些学生在就业中遇到困难时,不善于调整目标、调整自己,而是自己给自己打退堂鼓,自己拱手让出竞争的权利。

### (六)就业工作与继续求学的矛盾

由于用人单位对人才的要求越来越高,大学生继续深造,读对口本科院校的学生逐年递增。这一方面是因为大学生已经充分认识到知识的重要性;另一方面也说明学历在就业中仍然起着举足轻重的作用。大城市对学历的限制比较严,好单位也要求高层次人才,因而不拿高层次文凭就更难找到好工作。但就业与继续求学之间常存在矛盾,这个矛盾解决不好,很可能既耽误了深造学习又延误了找工作。

## 三、大学生就业的心理误区

心理误区是指人在心理上,特别是认知和人格上陷入无出路而又不能自拔,且本人对此缺乏意识的状态。就业制度改革,使毕业生面临着巨大竞争压力,大学生心理矛盾的扭曲和沉积,使他们在心理上出现种种困惑和不适应,导致产生心理误区,其主要表现在以下几方面。

### (一)强求心理平衡

毕业生参加大规模的供需洽谈会次数不多,他们在这种场合评价自己的价值就是与别的同学攀比,心理总有一个念头就是"我不能比别人差""我不能不如别人",尤其是成绩好的学生更是如此。于是在选择中,攀比嫉妒,强求心理平衡,总是把比别人强作为标准"这山望着那山高,这花看着那花俏"。有的同学自己毫无主见,总是随波逐流,认为多数人钟情的一定是好工作,盲目跟着大多数人走,忽视了自己的特长,结果不从实际出发,延误了时机，丧失了最能发挥自己特长的机会。

### （二）对现状不满

就业制度改革给广大毕业生提供了良好的机遇，受到了普遍的欢迎，但有一部分大学生认为，既然现在是社会主义市场经济，就业政策就应该是完全的市场政策，供需双方完全可以自由交易、自由成交，选择的自由度越大越好。这些大学生抱怨改革的步子太慢，却没有想到市场条件下就业制度的改革还受到一定条件的制约，要和国家的劳动人事制度、招生制度、分配制度、户籍制度的改革配套进行，是要经历一个历史过程的。而社会不正之风等腐败现象的存在，使得部分毕业生对现状不满，引起心理失衡。

### （三）有意抬高自己

有的大学生在就业时过分粉饰自己，孤芳自赏，认为自己在学校经过多年学习，有了"资本"，以"天之骄子"自居，社会上各种工作对他们来说都不在话下。有的大学生在推销自己时，不实事求是，有意抬高自己，甚至弄虚作假，存在侥幸心理，认为在洽谈会上，时间短、任务重，招聘人员不可能考核那么全面。

### （四）只顾眼前利益

由于受市场经济大潮的影响，一部分大学生就业时只顾眼前利益，过分注重经济效益，讲究实惠，忽视个人的发展。在与用人单位洽谈时，首先问及的是单位的效益如何，待遇怎样，住房能否落实，奖金高不高，对自己的发展前景不加考虑。他们的眼睛只盯着外贸、金融、保险和电信等经济效益好的部门，很少问津企业、科研、教育等更能发挥他们才能的部门。在就业中表现出急功近利的趋势，让用人单位反感，使部分毕业生虽各方面条件不错，却被用人单位拒之门外。

### （五）抱怨竞争环境

有些毕业生仍抱怨竞争环境不公平，甚至认为就业的竞争不是素质、能力的竞争，而是关系的竞争。于是，就不把立足点放在自身努力上，而是找关系、托门子、递条子，甚至不惜代价，重礼相送，用庸俗化的一套对待择业，使公平、公正、公开的原则受到损害。还有一部分学生则缺乏竞争的勇气，长期形成"等""靠""要"的依赖心理，在就业中遇到困难就意志消沉，一蹶不振。

## 第二节 就业的心理挫折

### 一、大学生常见的心理挫折

#### （一）挫折的含义及形式

挫折是指个体在从事有目的活动过程中，由于遇到阻碍和干扰，使个人需要不能满足，动机无法实现而产生的紧张状态和情绪反应。大学生怀着许多的幻想、希望，为使其变成现实，他们付出了各种努力甚至刻意追求。当这种需求长时间不能得到满足或部分满足时，就产生挫折。如果挫折产生于较为重大的目标上，这种挫折可称之为失败；如果这种挫折的障碍与压力持续时间长，影响范围广，使个体处于一种不利于身心发展的人生位置，则称为身处逆境。挫折、失败和逆境会给人们带来紧张状态和失望、压抑、沮丧、忧郁、苦闷等情绪。紧张心理状态和情绪反应，心理学上称为挫折感或挫折心理。挫折的具体形式如下。

**1. 外部挫折**

外部挫折是指由于外部条件的限制，使某些目的无法实现，需要和愿望无法满足形成的心理挫折，具体分为四种情况：①缺乏性挫折；②压迫性挫折；③干预性挫折；④损伤性挫折。

**2. 内部挫折**

内部挫折是指受自身内部条件的限制，使某些目的得不到实现、需要得不到满足而形成的心理挫折，具体可分四种情况：①失意性挫折；②缺陷性挫折；③抑制性挫折；④损失性挫折。

#### （二）心理挫折的常见形式

**1. 损失性挫折**

损失性挫折是指一直能得到满足的需要骤然不能被满足时，在人心理上所引起的感受。一些品学兼优的学生就业前总是比较沉闷，在就业时由于种种原因，而不被用人单位接纳所引起的沮丧、失意、不满和焦虑的紧张情绪，就属于这一种。

**2. 障碍性挫折**

障碍性挫折是指受外界力量的阻止和干扰而使自己所追求的目标不能实现时所引起的挫折。一些毕业生千辛万苦找到了自己称心的岗位，但是由于时间、政策、经济、人事等方面的规定，不能如愿以偿的那种焦躁愤怒、无可奈何的心理体验。

**3. 缺乏性挫折**

缺乏性挫折是指由于个人长期得不到外界的支持、关心和帮助，使其积聚在内心的需要无法满足时所引起的挫折。不能及时得到就业的社会信息、政策要求，不能及时得到就业指导，还有得不到一些使人感到满意的支持、帮助也会产生这种体验。

**4. 缺陷性挫折**

缺陷性挫折是指由于自身生理上的缺陷或疾病等而引起的挫折。有的学生忽然在临毕业时生了大病，使学业和工作都受到影响，这时的体验就是缺陷性的。

## 二、就业心理挫折的常见形式

大学生遇到挫折后，会有不同的行为表现。总体上可以分为以下两种。

### （一）理智反应

理智反应在心理学上又称积极的行为表现，指不失常态的、有控制的、转向摆脱挫折情境为目标的理智性行为，主要有以下三种情形。

**1. 达到目标**

不气馁，克服困难，采取多种行为或同一行为是其显著特征。

**2. 调整目标**

当一种动机和行为经一再尝试仍不能达到成功时，为了满足需要，及时调整目标，降低要求，使之能够达到。

**3. 改变目标**

当估计原定目标根本不可能达到时，就改变原定目标，设置另一个新目标来代替或补偿，或者说谋求新的需要满足来代替原有的需要满足。

### （二）非理智反应

非理智反应在心理学上又称消极的适应或防御，指失常的、失控的、没有目标导向的情绪性行为，主要有以下几种。

**1. 不安**

如失去信心、勇气；情绪不稳定，患得患失；生理上出现心悸、头昏、冒冷汗、胸部紧缩等。有些大学生遭受挫折后，就变得焦虑不安，困惑不已，情绪极不稳定；生理上也出现了头昏、冒汗、心悸和脸色苍白等反应。

### 2. 攻击

攻击又称侵犯和对抗。对遭受挫折后，人们在情绪与行动上会产生一种对有关人或物具有攻击性的抵触反应，以消除来自挫折的痛苦。攻击行为作为一种心理防御机制，如采用口头方式发发牢骚，出一出怨气来降低思想压力，恢复自己的心理平衡，可能不会出大的问题；如果以非理智的冲动行动，即以暴力施加于人，虽一时可以宣泄，但破坏性很大，必然造成严重后果，这是个人应该努力加以避免的。

### 3. 固执

固执指个体反复遭受到同样的挫折，就可能慢慢失去信心，失去随机应变的能力，而形成刻板化的反应方式，盲目重复同样无效的行为，对同学、朋友、老师的忠告置之不理，仍我行我素，一意孤行。

### 4. 妥协

个体受挫折后，会产生情绪上的紧张和不安状态，长期下去对身体健康不利。因此，个人要采取某些心理行为措施，减少挫折引起的紧张和不安，这就是妥协。

### 5. 冷漠

个体受挫以后，为求得心理的解脱会厌弃早先的追求，甚至厌弃人生。从表面上看，当事者似乎是漠不关心、无动于衷，其实其内心的痛苦可能更深。冷漠通常是绝望的表现，当事者丧失了一切信心与勇气，这是极其可怕的。有些大学生遭受挫折后，变得冷淡麻木，意志消沉，对人对事无动于衷，漠不关心，失去了正常的喜怒哀乐等情感反应。

### 6. 幻想

个体受挫之后不是面对现实，而是把自己置入一种想象的境界，企图以一种虚构的幻境来解脱自己，这就叫幻想。幻想的常见方式是"白日梦"。"白日梦"偶尔为之并非失常，亦无大碍，但如完全依赖它来寻求解脱，则会使自己愈陷愈深，最后无法摆脱受挫心理的困扰。

## 三、大学生就业心理挫折形成的原因

大学生心理挫折形成的原因是多种多样的，它既与人们追求的目的、需要的特点和性质相联系，又与实现目的、满足需要的客观可能性有着密切的联系。主观要求和客观现实之间的矛盾，是形成心理挫折的基本原因。产生挫折的具体原因有两个方面。

### （一）主观因素引起的挫折

**1. 自信心不强**

在就业过程中，自信心是取得成功的关键一步。一些毕业生初涉社会求职，还未进入市场，心中就发怵，就断定自己这也不行，那也不是，难以和他人竞争，心里老想着用人单位不要怎么办，问题回答不好怎么办，在用人单位面试时，对自己的举手投足，言谈举止都透出没有必胜的信心，面对良好的就业机会，左右徘徊、举棋不定，错失良机。

**2. 独立性不够**

一部分毕业生没有形成独立完善的自我，难以摆脱依赖学校、老师、家长的心理，总希望有人能帮助他分析就业中遇到的问题，等着家长或老师来决定自己的前途和命运，不能积极主动通过自我努力来取得就业成功。

**3. 自荐方法不当**

自荐是毕业生让用人单位选择自己的第一步，是一次不见面的"面试"，决定着用人单位是否愿意与其进一步接触，进行"面试"。在就业过程中，不少毕业生因自荐方法处理不当，自荐材料准备不够充分，不能恰当、实事求是地表达和介绍自己，没有显示出自己的魅力，从而错失良机。

**4. 面试技巧欠缺**

在就业过程中，用人单位常通过当面交谈、问答的方式对应试者进行考核，这是因为面试与笔试相比具有更大的灵活性和综合性，它不仅能考核一个人的业务水平，而且可能通过面对面的观察，了解应聘者的口头表达能力和应变能力，面试已成为用人部门选拔人才的一个重要环节。但是，部分毕业生因为缺乏面试技巧，而失去了被录用的机会。

### （二）客观因素引起的挫折

**1. 性别歧视**

许多用人单位宁可录用才华平平的男大学生，而不愿接收品学兼优的女大学生，性别歧视确实存在，女性在就业过程中竞争力普遍弱于男性，怀有自卑和失望心理的女大学生在就业过程中往往缺乏主动性，会产生怨天尤人的情绪，从而增加了就业难度。部分富于幻想，喜欢追求浪漫色彩的女大学生，在就业时抱有过高的期望，从而使得就业成功率大打折扣。

**2. 深造选择**

当大部分毕业生为就业而奔波时，还有一批为参加继续深造考试做准备的毕业生。他们又不得不做好两手准备,万一考试失利,也还留有后路,可用人单位通常只考虑单位需要,这对于选择深造的同学是一个严峻的考验,要么放弃深造,立即签订协议;要么深造,失去较满意的职业。现实使他们左右为难,在犹豫不决中,机遇悄然离去。

**3. 恋爱困扰**

很多情侣毕业前夕,面临着分离,他们一方面满怀着对未来的美好憧憬与希望;另一方面又因现实而感到焦虑不安,甚至还要相互埋怨责备,使他们的内心充满失落、惆怅、痛苦和压抑而不能自拔。在这种心境下就业,碰壁也是常有的。

**4. 竞争不公**

目前在就业过程中确实存在部分不正之风,如有些能力、成绩平平,甚至表现不佳的毕业生靠"拉关系,走后门"等不正之风找到了理想的工作,还有一些毕业生被关系户顶替,从而失去了能充分施展才能的工作岗位,这使得部分毕业生感到竞争不公、就业不合理而产生气愤和无奈情绪。因不能正确分析社会中不合理现象,而产生逃避社会或过于担忧的心理。

挫折的产生并不一定是坏事,挫折同样可以激发人的巨大潜力。在挫折面前,如果低头认命就会一事无成,如果勇敢接受挑战就可能"柳暗花明又一村"。因此,面对挫折,一定不能退缩,要冷静分析导致自己就业失败的原因,要对症下药,要有屡战屡败、屡败屡战的勇气和豪情。

## 第三节 就业心理冲突与挫折的调适

### 一、大学生进行自我心理调适的途径

大学生在就业过程中,难免会遇到困难、挫折和冲突,并因此引发各种心理问题,既不利于个人身心健康,也不利于求职就业。心理调适的作用就在于帮助大学生在遇到挫折和冲突时,能够客观分析自我与现实,有效排除心理困扰,控制和调节自己的情绪,从而保持一种稳定而积极的心态,维护自己的身心健康。因此,要强调大学生的自我心理调适,自己根据自身发展及环境的需要,对心理进行控制调节,从而最大限度发挥个人的潜力,在就业中遇到困难、挫折和心理冲突时,能及时调整自己的心理状态,保证自己心理健康,顺利就业。

**(一)充满自信**

大学生应把主观愿望和客观条件结合起来,充满自信,在平时就应注意

培养自己良好的人格品质，改变那些不适应发展的不良的人格品质，培养自己自信乐观、自强不息、宽容豁达、开拓创新等品质，在就业遇到挫折困境时，要相信自己的能力，不被暂时的困难所吓倒，要相信未来是美好的，前途是光明的，对自己要抱有合理而坚定的信心，相信自己一定能找到满意的工作。同时要适时调整自己的不良心理，对就业的期望值不要脱离实际，要怀着满腔热情，到祖国最需要的地方建功立业。同时，不要过分追求完美，在自己力所能及的范围内，把自己的想法付诸行动，这样一来会增强对自己的信心。

### （二）保持良好情绪

大学生在就业时常会流露出一些消极的情绪，如愤怒、焦虑、厌烦、失望、孤独、无助、不满等，这是一种正常现象。情绪的产生与人的身体状况及认知等因素有关。消极的情绪往往是在身体不适，对自身认识消极和在环境、处事中受挫时产生的。但适度的焦虑具有一定的积极作用，它会给人产生一种压力，使人处于高度的觉醒状态，从而迫使自己努力去克服困难，积极主动地克服消极情绪，培养积极的情绪体验，还能够使我们自信、自我感觉良好，并能增强决策能力。快乐、轻松、幸福、可靠、满意，这些合理的情绪会给我们带来更多希望和理智的抉择。

### （三）正视社会现实

积极的心态是正视社会、适应社会。目前社会越来越尊重知识，尊重人才，而随着毕业生就业制度的改革，社会将尽可能为大学生就业提供良好的环境，为大学生施展才能提供广阔的天地。但同时也必须明确，我国目前的生产力还比较落后，供需形势不平衡，教育结构不合理，社会为大学生提供的工作岗位不可能使人人满意。因此，大学生要从实际出发，更新就业观念，面对人才市场，必须勇于竞争，以便自己被社会承认和接受。

### （四）正确对待挫折

大学生就业过程中应保持健康稳定的心理、积极进取的态度，遇到挫折，不要消极退缩，要认真分析失败的原因，做到心中有数，调节好心态。有的同学一次落聘就灰心丧气，一蹶不振，落聘虽失去一次就业的机会，但并不等于就业无望，事业无成。因此，遇到挫折，要百折不挠，知难而进，因为通向成功的道路不会是平坦的，只有坚强不屈，顽强拼搏，才能达到光辉的顶点。

### （五）客观评价自己

当前社会兴起经商热，许多同学不甘落后，也想自己创业做生意。事实上，许多同学既没有经商的兴趣，又没有这方面的能力，这种就业的态度是不足取的。要通过心理测验、自我反省以及旁人了解，弄清自己的兴趣与能力所在，看看个人最大的兴趣与最强的能力是否相呼应。当选择符合自己兴趣的专业和职业时，工作中便会感到得心应手、轻松自如。如果兴趣大大超过了能力，那么就必须找到发展和提高技能的新方法。

### （六）加强自我修养

通过加强自我修养、提高道德水平来克服嫉妒心理，最重要的是要做到两点。其一是要真诚待人，做人要诚实，这是立身之本，诚实的人既不自欺也不欺人，一生光明磊落、襟怀坦荡，不会因做了亏心事而自欺欺人、担惊受怕、惴惴不安；诚实的人还可以主动改善人际关系，做好工作，使事业取得成功。其二是要学会爱人，爱人是我国的传统美德，古时候孔子在解释"仁"的含义时只概括为两个字，即爱人，有了这种精神境界，就能够设身处地为别人着想，别人有困难时给予帮助，有痛苦时给予安慰，就不会产生嫉妒心理，当然提高道德水平绝不是一朝一夕的事情，需要在日常生活中从一点一滴做起，长期不懈加强自我修养。

## 二、应对心理冲突与挫折的方法

### （一）自我激励法

自我激励法主要指用生活中的哲理、榜样的事迹或明智的思想观念来激励自己，同各种不良情绪进行斗争，因为失败、挫折已经成为过去，要勇敢面对下一次，即使遇到意外事件或就业受挫，也要鼓励自己不要惊慌失措、冲动、急躁，而要开动脑筋、冷静思考、寻找对策。大学生在就业过程中要相信自己的实力，通过自我激励，增强自信心，消除自卑感，保持良好的情绪和状态。

### （二）适度宣泄法

宣泄可以消除挫折带来的精神压力，可以减轻精神疲劳；同时宣泄也是一种自我心理救护措施，它能使不良情绪得到淡化和减轻。当自我感觉到心理压力大时，不妨在适当地方大叫一番，痛哭一场；也可以向挚友、师长倾诉忧愁与苦闷，使不良情绪得到疏导，也可通过打球、爬山等运动量较大的活动，消除压抑心理，恢复心理平衡，但应注意场合、身份、气氛，注意适度，宣泄应是无破坏性的。

### （三）自我安慰法

自我安慰法又称自我慰藉法，关键是自我忍耐。人不可能事事皆顺心、处处是英雄。就业中遇到困难和挫折，当经过主观努力仍无法改变时，可说服自己适当让步，不必苛求，找一个自己可以接受的理由承认并接受现实，以缓解动机的矛盾冲突，解除焦虑、抑郁、烦恼和失望情绪，这样有助于保持心理稳定。当挫折引起情绪困扰时，可用"亡羊补牢，未为迟也""塞翁失马，焉知非福"等话语来自我安慰，以解脱烦恼。

### （四）注意力转移法

有时候，不良情绪是不易控制的，这时可以采取迂回的办法，把自己的情感及注意力转移到其他活动中去，如听听音乐，参加有兴趣的活动，利用假日郊游，接受大自然的熏陶等，使自己没有时间沉浸在因各种原因引起的不良情绪反应中，以求得心理平衡。

### （五）合理情绪疗法

人们的情绪困扰是由于不正确的认知和非理性信念所造成的，因此通过认知纠正，以合理的思维方式代替不合理的思维方式，就可以最大限度减少不合理的信念给人们的情绪带来的不良影响。例如，有些大学生就业不顺利就怨天尤人，认为"人才市场提供岗位太少""用人单位要求太高"，其原因就在于他只从客观上找原因，认为"社会应该为大学生提供充足的岗位"。正是由于这些不正确的认知信念，造成了其不良情绪，而这种不良情绪又恰恰源于自己，因此通过改变这些不合理的观念，调整认知结构，不良情绪就能得到克服。

## 三、培养和强化挫折承受力

挫折的承受力对一个人来说是非常重要的，挫折承受力是指人适应挫折的能力，即遇到挫折时能免于心理失常的能力。挫折承受力不是先天就有的，是后天学习、实践锻炼的结果。在现实生活中，每个人都可以通过自觉、有意识的锻炼，去培养提高自己对挫折的耐受力。

挫折的产生与一个人的动机、需要、抱负水平以及对成功的预期有重要关系。在挫折面前，每个人的耐受力往往不尽一致，甚至差别较大。比如，有的人即使接连遭受严重挫折，仍坚忍不拔，百折不挠，拼搏进取；有的人稍遇挫折就垂头丧气，甚至自寻短见。

挫折承受力与生理条件、个性心理品质、对挫折的知觉判断和对挫折的经验四种因素有关。

### （一）生理因素

身体健康，发育正常的人，其生理上的容忍力，一般来说高于体弱多病的人。身体健壮的人比体弱多病的人更能承受挫折的打击。

### （二）个性心理品质

开朗豁达、意志坚定的人拿得起，放得下，遇到"千斤重担压心头"时也能把心理上的重压卸掉，因而更能适应挫折。因此，是否具备优良的个性心理品质对于挫折容忍力更为重要。此外，其他个人素质，包括价值观、世界观、性格、意志、兴趣、耐心等，都与容忍力密切相关。因此，一个人要培养和提高挫折承受力，必须从身体素质、增强社会阅历、做好应付挫折的心理准备、优化自身的个性心理品质等方面做出努力。

心理学研究表明，一个人对成功与失败的体验，包括对挫折的体验，不仅会依赖某种客观的标准，而且更多依赖个体内在的欲求水准。可以这样认为，一个人欲求水平和主观态度，是决定是否产生挫折的最重要原因。因此，确立正确的、合理的个人欲求水平和主观态度，也是培养和提高挫折承受力的一个重要方面。

### （三）过去受挫折的经验

阅历广、经验丰富并历尽艰辛与磨难的人，远比生活中一帆风顺、缺乏斗争锻炼的人容忍力要高。饱经风霜、阅历丰富的人比知识贫乏、生活安逸的人更能抵御挫折。如果一个人从小娇生惯养，很少遇到挫折，或一遇挫折便逃避，失去学习处理挫折的机会，必然导致其承受力低下。

### （四）对挫折的知觉判断

同一挫折的客观情况相同，而因人、因时、因地会出现感受和判断不同的情况，因此构成的压力和打击也就不同。一个人认为是严重挫折，另一个人或许会认为无所谓。一个人能对挫折做出客观评价、正确归纳，就能恰当地应对挫折。如果预先想到可能会出现挫折，心理有准备，当挫折来临时，就更能承受。

总之，困难、挫折并不可怕，只要能直面人生，勇于拼搏，人生之船就会战胜惊涛骇浪，驶过激流险滩，到达理想的彼岸。

# 第五章 大学生择业过程中的心理问题与调适

选择职业，是大学生即将结束学业，步入社会的前奏，是其完成个人身份从学生到工作人员的一次重大转折。为顺利完成这次转折，在未来的工作岗位上做出成绩，大学生在校期间应充分做好择业的心理准备，正视社会现实，客观分析自我，善于抓住机遇，勇于迎接挑战。良好的心理素质可以使大学生在择业期间保持良好的心情，以积极的心态迎接就业过程中的困难和压力，调整自己的观念和行为，促进其顺利就业、成功就业。

## 第一节 大学生择业的心理准备

### 一、择业中的心理定位、机遇和挑战

改革为人们提供了充分展现自己才能的舞台，但对人才的规格也提出了更高的要求。在择业中，机遇和挑战并存。我国目前的社会现实是某些地方某些行业人才济济，毕业生就业困难，而有些地区有些行业却人才短缺，无人可用。对大多数毕业生来说，找一份工作并不是一件难事，难在找到令自己非常满意的工作。

#### （一）择业与心理定位

择业既然是双向选择，就必然面临这样一个现实：用人单位想要高层次人才，而毕业生想找好单位。一些供需见面会尽管场面火爆，但签约率并不是很高，产生这一现象的原因主要是供需双方没能确定恰当的目标，致使选择失败。大学生要清醒地看到这一现实，不要去抱怨"伯乐"太少，要更多地从自身找原因，适时调整自己的心理定位。

所谓心理定位，也就是对自我的认知评价和对择业的目标要求。心理定位是择业的第一步，第一步走好了后面的事情才能顺畅解决，因而心理定位在择业过程中占有重要位置。心理定位包括两层含义，一层是指对自己的个性心理特征进行认知评价，尤其是对自己能力水平的评价；另一层是指对择业目标的具体要求，包括应聘单位的发展前景、地理位置、规模、效益以及

个人的发展前途等内容。心理定位的这两层含义彼此促进，互相制约，缺一不可。前者是后者的基础，没有客观的认知评价，择业方向就会变得模糊，职业选择就可能出现失误；后者是前者的体现，择业目标定得是否合适，取决于自我评价是否正确。

毕业生在择业时，要从社会现实出发，客观分析自我，结合自己的实际情况确定目标。目标定得过高，找工作会相当困难。目标定得过低，找工作会相对容易，但由于工作和自己的能力有差距，时间长了可能会对工作产生抱怨，这种择业失误尽管可以通过变换单位加以解决，但经常换单位不利于个人事业发展。因此，大学生在找工作时一定要做好定位。

### （二）择业中的机遇

机遇在人生中是常有的，每个人都不例外，但并不是每个人都能抓住。择业过程中的机遇很多，如学校为毕业生举办的"双向选择会"，把国内众多的用人单位请到大学里当面洽谈，能否签约全看个人的表现。这对每一位毕业生来说都是一次机遇。又如毕业生分配管理部门会不定期公布招聘信息，这也是一次机遇，如果毕业生们能经常注意学校的有关通知或布告，能及时了解就业信息，那么就抓住了机遇；而一部分毕业生尽管也知道学校公布的就业信息，但没能勇敢去面试，结果就会与机遇失之交臂。

机遇无处不在，但许多大学生却看不到，有的看到了却抓不住。那么，什么样的大学生易受机遇的青睐呢？在择业过程中，机遇经常会出现，但机遇仅光顾有准备的人。这里的准备既包括学习能力的准备，也包括心理素质和身体素质的准备，具体来说，受到机遇青睐的人应该具备以下一些基本品质。

①学习成绩较好，具有较强的接受新事物的能力。
②在某些方面具有较突出的能力，并拥有可以证明自己能力的手段。
③人际关系融洽，尤其具备与他人合作的能力。
④自我认知比较客观，能合理设定择业目标。
⑤择业心态积极，能主动出击，不怕失败。
⑥言语表达能力较强，能把自己所想的用语言表达出来。
⑦身体健康，比较能吃苦。

### （三）择业中的挑战

在择业过程中有机遇就有挑战，尤其是在当前就业形势日益严峻，大学生的心理素质又亟待提高的情况下，择业中的挑战就更值得关注。对毕业生来说，其面临的挑战主要是指择业中遇到的困难和由此产生的心理失衡，其中最主要的就是挫折感。

大学生在择业过程中因主客观因素引起的心理冲突，导致求职受挫是经常发生的，关键在于如何对待和解决，以求最大限度满足自身需要。只有正确对待挫折，择业才可能成功。

挫折的产生并不一定是坏事，正如一帆风顺并不总是好事一样，挫折同样可以激发人的巨大潜力。在挫折面前，一个人如果低头认命就会一事无成，如果勇敢接受挑战就可能"柳暗花明又一村"。因此，面对挫折，一定不能退缩，要冷静分析自己择业失败的原因，要对症下药，要有屡败屡战的勇气和豪情。

## 二、当代大学生的就业心理准备

面临毕业的大学生，需要做好各方面的准备，尤其是保持良好的择业心态，做好充分的心理准备，才能在择业过程中合理选择适合自己的工作。但在当前严峻的就业形势下，大学毕业生的就业心理准备并不充分。对于绝大多数学生来说，大学阶段过的是一种单纯而有保障的生活，学习、生活、交际、娱乐都有规律，在这样的环境里，容易萌发浪漫的情调和美好的理想，但这样的生活与现实社会存在一定的距离。这种距离往往会造成大学生就业心理准备不足，具体表现为以下几点。

①自我认知不完整。自我认知是指个体对自己的性格、气质、兴趣、能力等个性心理特征的全面认识和把握。部分大学生由于自身成长条件所限造成自我认知不全面，其表现为对自身气质类型、个性倾向等了解不充分，尤其对与自己个性心理特征相符合的职业取向认识更缺乏。

②角度转换不充分。所谓转换角色，主要是指由一个"天之骄子"的大学生，转变为一个现实的社会求职者。这就需要抛开浪漫、抛开幻想、认识自己所处的真实地位和严酷的社会现实，实事求是地面对就业这样一个现实。要想正确地选择职业，就必须转变角色，而大学生往往把学校、家庭、亲友及同学所给予的关心、呵护、尊重当成是社会的认可，不能摆正自己的位置，客观、冷静地进入求职状态，不能正确地认识社会、了解社会，给自己的就业带来了较大的心理影响。

在择业时，这些不足就会具体表现为以下几点。

①心理素质比较差。大学生在择业就业面前，表现为缺乏积极的心理准备，感到比较紧张，比较苦恼，甚至有的大学生感到很焦虑，表现为易抑郁，情绪易变化，易担心，显得烦躁不安易忧愁伤感，情绪低落。

②抗挫折力比较缺乏。大学生虽然具备了一定的知识素养，而且精力充沛，有积极的进取精神，有独立思考的良好习惯，能积极面对现实。但是由

于缺乏社会阅历，又是初次就业，面对越来越激烈的择业竞争，往往显得应变能力比较差。尤其是在择业中遇到困难、受到挫折的时候，常常会感到不知所措，束手无策，不能冷静分析、沉着应对，而是显得焦躁不安、情绪低落、甚至是自暴自弃。

③职业选择的不稳定性和多变性。大学生在择业中的不稳定性和多变性，具体表现在一些抢手的热门专业毕业生，面对众多的需求单位挑挑拣拣，举棋不定；一些主要面向基层就业的农、林或工科毕业生，虽能意识到基层和艰苦行业需要人、锻炼人，但又怕过艰苦的生活，担心基层人际关系复杂，将来无出头之日；一些学历层次低、专业不热门的毕业生想通过升学、考研改变被动局面，却又决心不大，下不得苦功夫，犹豫不决；一些毕业生在择业中得陇望蜀，或想去这家又想着去那家，或觉得这家不满意那家也不理想，或今天与这家签了约明天又想到毁约。这种择业的不稳定性和多变性，往往会使其错失良机。

④部分学生择业期望值过高，追求自我价值实现的愿望强烈。大学生择业期望值高主要表现为相当多数的大学生把工作的地点选定在大城市，以及东部沿海经济发达地区和中心城市；在单位的选择上，很多学生看中党政机关公务员，收入高且发展前景良好的外资或合资企业，条件好、工作稳定的教师行业或部队；工资福利待遇也是众多毕业生关注的重点。大学生追求自我价值的实现，这理所当然，希望能有一份发展前景好、工资待遇高的工作，也在情理之中。但是，如果超越客观现实，不能给自己一个准确的定位，盲目追求过高的择业期望，只能使自己在择业中屡战屡败，四处碰壁，到头来吃亏受挫的只能是自己。

⑤择业价值趋向商品化。随着利益观念影响的日益加强，大学生择业主导思想的商品意识不断加强，功利色彩日益浓厚。一些大学生把物质利益作为衡量个人价值的唯一标准，往往选择那些能迅速使自己的知识转化为金钱的单位，商品化选择趋向正影响着当代大学生。

## 三、培养良好的择业心态

### （一）正视社会现实

近年来由于高校的招生规模不断扩大，中国的高等教育正在实现从精英教育向大众教育转变，这种转变使接受高等教育的群体在不断地扩大，当今的大学生已经丧失了原有学历层次的优越性。此外近年来随着国企改制，国家机关和事业单位改革，下岗人员再就业，更使原本并不充裕的就业岗位显得更加紧张，就业竞争压力也进一步加大。面对激烈的竞争，大学生首先要对就业形势进行科学分析，要了解社会所需人才的种类以及对人才的素质要求，根据社会实际需求选择适合自己的职业。

### 1. 了解社会

随着高校毕业生就业制度改革的逐步深入，传统"统包统分"的就业模式已被打破，取而代之的是在国家分配方针、政策、原则的指导下，毕业生自主选择职业，用人单位择优录取的毕业生就业制度。这种制度给大学毕业生提供了充分选择职业的权利。市场竞争的加剧，国有企业的不景气，下岗职工的增多以及东南亚金融危机等因素使我国就业形势更加严峻，越来越多的毕业生感到前所未有的紧迫感和危机感。

由于我国目前生产力水平还比较落后，社会为大学生提供的工作岗位也不可能使所有人满意，尤其是社会上还存在着一些不公平、不合理甚至是腐败丑恶的现象，使得充满理想抱负和追求的大学生感到失落、困惑甚至不满。学校教育与社会现象产生的巨大反差，影响着毕业生的情绪，这就更加需要大学生了解社会，正视现实。作为即将走上社会的毕业生，其至少应了解以下几个方面的情况。

第一，要了解国家关于就业方面的方针、政策，在政策范围内根据个人的意愿选择职业。

第二，要了解社会需求信息。近几年，期望在机关、科研单位和高校工作的毕业生大有人在，要求去基层的却寥若晨星。边远地区、艰苦行业求贤若渴，机关科研单位和高校却供过于求。

第三，要了解用人单位对大学毕业生的要求。用人单位希望接收具有可塑性的复合型人才，除政治素质、基础知识外，还要求大学生具有广阔的知识面，较强的开拓精神、实干精神，良好的身体素质和健全的心理素质。

总之，用人单位对毕业生的要求越来越"苛刻"，对毕业生的个人素质也要求越来越高了。因此，大学生们要正确认识社会，了解就业形势，根据现实设定自己的社会位置，排除各种干扰，从实际出发，争取早日成才。

### 2. 适应社会

了解社会的目的是适应社会，是为了找一个适合自己发展的工作，更是为了最大限度发挥自己的潜能。只有了解是不够的，还要能适应，适应是大学生择业的心理基础，是心理健康的重要指标。对大学生来说，适应社会就是不悲观、不彷徨，积极培养自己的竞争意识，树立正确的择业观念，充分运用自己所学的知识，发挥个人优势，为社会多做贡献，并根据社会需要，调整自己的择业期望值，优化心理素质。

适应社会的核心内容是树立正确的择业观念、确定合理的择业标准，只有观念正确，适应社会才能成为可能。一般而言，树立正确的择业观念应符合"发挥自身优势，服从社会需要，有利发展成才"的原则。

"发挥自身优势"就是择业要有利于大学生发挥自身的素质优势。大学生在择业时，要根据自己的能力水平，特长或优势来选择职业，以便今后能在工作岗位上充分发挥自身优势更加出色地完成任务。这个原则不仅可以体现人尽其才、才尽其用的要求，而且也体现了大学生对事业、对社会负责的精神。

"服从社会需要"就是大学生在选择职业时，应把社会需要作为出发点和归宿，以社会对个人的要求为准绳，去认识和解决择业问题，进而决定自己的职业岗位。大学生在选择岗位时既要看到眼前的利益，又要考虑长远发展；既要考虑个人的因素，也要自觉服从社会需要，将自己的人生目标与国家和社会的需要紧密联系在一起。

"有利于发展成才"就是大学生在选择职业时，不要被社会时尚、经济利益、从众心理等因素干扰，要根据自己的特点，树立以事业为重的思想，选择有利于个人发展，有利于成才，能充分发挥个人才能的适合自己的职业，不要为满足某一个条件而忽视有利于成才的原则，影响了个人的发展。更不可不顾自身能力水平和特长而盲目择业。有些毕业生能力达不到用人单位的要求，一经双向选择，要么不战而败，要么屡试不中，有些毕业生追逐大城市、大机关、效益好的单位，但因数量有限而不能如愿，还有些毕业生不愿去基层建功立业。因此，大学毕业生应充分认识到，无论从事什么样的职业，只要能做出贡献，就能受到人们的尊重。大学生在择业时应分析利弊、分清主次、合理取舍，考虑选择的职业应是有利于发展个人成才的职业。

从本质上说，毕业生在择业中出现的许多不适应现象、不健康心理都是与择业观念不正确有关的，而观念不正确则通常是由信息不畅造成的。因而，为了顺利择业，毕业生要及时了解并恰当处理各种信息，要正视社会现实。

## （二）客观分析自我

与中学生相比，大学生的自我认识是丰富而深刻的，他们能从更广更深的角度去认识评价自己，但他们尚不成熟，自我认识往往要高于或低于实际的自我或别人的评价，这种自我认识的偏差常会导致择业的失败或失误。

### 1. 气质与职业的联系

气质是选择职业时的重要因素，了解气质与职业的联系，有助于职业选择的成功。气质分为胆汁质、多血质、黏液质和抑郁质四种类型，每一种气质都有它的积极方面和消极方面。气质对人所从事的工作性质和效率有一定的影响，它不仅关系到工作的效率，还关系到事业的成败。不同气质的人适合从事不同类型的职业。

胆汁质的人精力旺盛，热情直率，激动暴躁，情绪体验强烈，神经活动具有很强的兴奋性。他们能以极大的热情去工作，克服工作中的困难，但若对工作失去信心，情绪即会低沉下来。此类人适宜竞争激烈、冒险性、风险意识强的职业，如探险、地质勘探、登山、体育运动等。

多血质的人活泼、好动、反应迅速，易适应环境，喜欢交往。这类人工作能力较强情绪丰富且易兴奋，但注意力不稳定，兴趣易转移。其对职业有较广的选择范围和机会，适合从事要求迅速灵活反应的工作，如导游、外交、公安、军官等，但不适宜从事单调机械的工作和要求细致的工作。

黏液质的人安静、沉稳、情绪不易外露，灵活性不够，比较刻板，有较强的自我克制能力，能埋头苦干，态度稳重，不易分心，不易习惯新的工作，善于忍耐。这类人适合从事要求稳定、细致、持久性的活动，如会计、法官、管理人员、外科医生等，但不适宜从事具有冒险性的工作。

抑郁质的人敏感，行动缓慢，情感体验深刻，观察力敏锐，易感觉到别人不易觉察的细小事物，易疲倦、孤僻，工作耐受性差，做事审慎小心，易产生惊慌失措的情绪。他们适合要求精细、敏锐的工作，如哲学、理论研究、应用科学、机关秘书等。

因此，大学生在职业选择中，应当根据自己的气质特点尽可能选择适合自己气质类型的工作。

**2. 性格与职业的选择**

性格是具有核心意义的个性心理特征，集中反映了一个人的心理面貌，"人物的性格不仅表现在他做什么，而且表现在他怎样做"。同样性格与职业选择的关系极为密切。

人的性格特征，主要通过对现实的稳定态度和习惯化了的行为方式表现出来。人们对现实的态度，表现在对国家、集体、他人和自己等多方面，直接影响职业选择。一个不关心国家发展、社会进步的毕业生，其择业必然带有较大的盲目性。一个人性格中所表现出对集体、对他人和对自己的态度，也往往会影响到职业的选择和成就，自私、孤傲、暴躁、不关心他人，无视社会行为规范，不遵守公共道德的人不可能受到社会的欢迎和用人单位的青睐，在未来的职业生活中也不可能有所作为。

一个人性格中对工作和学习的态度，也直接影响其职业的选择和成就。工作态度积极、认真负责的人比那些得过且过、马虎应付的人更能选择到适合自己的职业岗位，因为他们的适应面大，选择机会较多，更能展现自己的才能。

性格中的意志特征与职业的选择有密切的关系，缺乏坚强意志的人常常不能顺利择业，今后也难以胜任工作，往往一事无成或成就平平，并且由于意志薄弱，一遇挫折、困难就退缩，因而失去许多成功的机会。缺乏坚韧性的人无法从事要求耐力很强的工作，如科研人员、外科医生等，而缺乏自制、任性、怯懦的人也不适宜去做管理和社会工作。美国心理学家霍兰是著名的职业指导专家，他提出了性格类型—职业匹配理论。他认为学生的性格类型、学习兴趣和将来的职业准备密切相关。他将人的性格分为六种，即现实型、研究型、艺术型、社会型、企业型和常规型。现实型的人喜欢有规则的具体劳动和需要基本技术的工作，这类人擅长技能性职业、技术性职业，但往往缺乏社交能力。研究型的人喜欢智力的、抽象的、分析的、推理的、独立的定向任务，这类人擅长科学和技术方面但往往缺乏领导能力。艺术型的人喜欢通过艺术作品来表达自己的思考和情意，爱想象，感情丰富，不顺从，有创造力，习惯于自省，擅长艺术、文学方面的工作，但往往缺乏办事能力。社会型的人喜欢社会交往，出入社交场合，关心社会问题，愿为团体活动工作，对教育活动感兴趣，往往缺乏机械能力，但擅长教育工作、社会福利工作。企业型的人性格外倾，爱冒险，喜欢担任领导角色，具有支配和使用语言的技能，但缺乏耐心和科研能力，擅长管理、销售等工作。常规型的人喜欢有系统、有条理的工作，具有安分守己、务实、友善和服从的特点，此类人适宜从事办公室职员、办事员、文件档案管理员、出纳员、会计、秘书等工作。

综上所述，大学生择业时，要充分了解自己的性格特征，避免盲目择业，既要以社会国家需要为基础，同时也不可忽视自身的条件和性格特点。

**3. 兴趣对职业的影响**

兴趣是个体积极探究事物的认识倾向，这种倾向常有稳定、主动、持久等特征。人的兴趣可以是多方面的，可以是精神的、物质的、社会的兴趣等。如果一个人对某种工作产生兴趣，他在工作中就会具有高度的自觉性和积极性，在工作中做出成就。反之，则会影响积极性的发展，有可能一事无成。爱因斯坦曾经说过："兴趣是最好的老师。兴趣是努力的原动力，是成功之母。"一般来说，兴趣是在后天生活实践中形成的，但兴趣有相对的稳定性，它与一个人的个性有内在的联系。

因此，大学生在择业过程中应适当考虑自己的兴趣和爱好。但兴趣爱好在职业选择中，也并不总是起着正向驱动作用，有时它也是一种耗散力，给毕业生带来职业选择的困惑。比如，有的同学对什么都感兴趣，但没有形成自我特色，在择业时就没有竞争优势；有的同学兴趣面太窄，以至于不能满足社会需要；还有的同学因种种客观因素，个人兴趣与所学专业不一致，也不可避免会造成职业选择的困难。因此，即将毕业的大学生，要对自己的兴趣有客观的分析，同时还要树立正确的人生志向，调整自己的兴趣爱好，适应社会的需要，争取找到适合自己的职业。

### 4.能力和职业的关系

能力是人们成功完成某种活动所必须具备的个性心理特征，是人们在社会实践中所表现出的身心力量。能力包括一般能力和特殊能力。能力是在先天素质的基础上，在生活条件和教育的影响、熏陶下，在个体的生活实践中形成和发展起来的，对从事任何职业都是十分必要的。不同的职业要求人有不同的能力。人的职业能力通常可分为一般学习能力、言语能力、技术能力、空间判断能力、形态知觉能力、职业能力、眼手运动协调能力、手指灵活能力、手的灵巧能力等九个方面。如教师、播音员、记者等职业要求有较强的语言能力；统计、测量、会计等职业要求有较强的技术能力；画家、建筑师、医生等职业对形态知觉能力要求颇高；手指灵活能力较强的人则适于从事外科医生、乐师、雕刻家等职业。

能力还存在着性别差异，女性在哲学界、经济学界、自然科学界所占比例较小，而在文学、新闻、医学、教育、艺术等领域所占比例较大，也就是说，需要形象思维和细致情感的工作更适合女性。择业是为施展自己的才能提供机会，但并不是每个人都具备做任何工作的才能。因此，毕业生对自己的能力要有一个自我认识和评价，在择业时，毕业生应根据自己的能力，扬长避短，以真才实学和较强的适应能力在强手如林的竞争中立于不败之地。

客观分析自我，对自己的气质、性格、兴趣、能力等个性心理特征有一个比较正确的认识，不仅对职业选择十分必要，而且与个人心理健康有重要联系。所谓客观分析自我，就是能清醒发现自己的长处和短处，不因优点而自喜，亦不因缺点而自卑。对自我的评价不客观就会出现评价过高或过低的现象，这可能导致择业失败或失误，可能产生心理困扰。

### （三）树立科学就业观

科学就业观是指求职者以正确认识个人与社会关系为前提，在客观评价自我、理性认识就业环境的基础上，指导求职者职业发展，并最终实现自身需要与社会发展相和谐的就业观念。在求职过程中，每个大学生都会抱有得到社会认可和个人良好发展的愿望，但与此同时，社会在某种程度上又不可能满足所有大学生的需要，或者说有些需要不能与大学生个人需要完全契合。对大学毕业生而言，其要把个人发展与社会需要紧密结合起来，树立科学就业观，才能找到既适合自身特点同时又能满足社会需求的工作岗位。

### （四）确立健康的就业心态

具备良好的就业心态，有助于大学生在就业过程中以积极乐观的心态面对各种困难和挑战，客观地对待外界对自己的评价与反馈，迅速适应环境的变化。

**1. 具有：平常心、自信心、恒心**

（1）具有平常心

对每一位大学生来说，就业的目的是获得岗位，寻求适合自己的职位每一位毕业生对待就业进程都会满怀信心和兴奋，但同时在就业过程中也会经历种种困难和挫折，会引起本人躁动和紧张的情绪，此时保持平常心会使就业进程顺利进行。

（2）树立自信心

自信是每一个参加就业求职的毕业生应具备的基本素质，它是大学生成功就业的重要因素，只有坚信自己有实力有能力在就业竞争中找到合适的职位，才能在强手如云的毕业生中显示出自身的优势，才能具有赢得最终胜利的可能。

（3）确立恒心

在就业过程中，如何在众多的应聘者中脱颖而出，如何成功完成后面的考核，就需要大学生既要保持舍我其谁的勇气，更要保持一种坚忍不拔的恒心和一种不达目的誓不罢休的韧劲儿。

**2. 克服：虚荣心、依赖性、功利性**

（1）克服虚荣心

在就业的过程中，大学生的期望值会受到同伴的影响。攀比心理或者好胜心理使他们有可能会改变原有的期望值，同时会产生脱离实际的攀比行为。过度盲目追求自我心理平衡，这样的虚荣心十分不利于自身价值的实现和长远发展。

（2）克服依赖性

在就业过程中，有些大学生缺少足够的自信，缺乏竞争意识和心理准备不愿意亲身尝试就业进程中的酸甜苦辣，把找工作的希望寄托在家长身上。家长会通过社会关系为其铺垫好就业的渠道，找到工作岗位。但是这种被动安排让学生丧失了最好步入社会实践的机会。这样在大学生走上工作岗位后，或许会因为岗位并不适合自己而产生新的问题或许会在工作岗位上再一次面临竞争的时候使自己处于劣势。

（3）克服功利性

一些大学生在就业过程中会因为各自的不同需求，给自己要谋求的职位设定好固定的标准，例如一定要留在大城市工作，或者一定要在政府职能部门任职，或者工资要达到自己满意的水平。至于能够满足这样条件的岗位是不是符合自己的能力兴趣则不在其考虑因素之中。这种急功近利的就业标准，往往使很多大学生在就业过程中屡屡碰壁。

## 第二节　大学生择业应具备的心理素质

### 一、心理素质的含义

#### （一）素质的含义及构成

**1. 素质的含义**

素质的含义有狭义和广义之分。狭义的素质概念是生理学和心理学意义上的素质概念，即"遗传素质"，是指人或事物在某些方面的本来特点和原有基础。在心理学上，指人先天的解剖生理特点，主要是感觉器官和神经系统方面的特点，是人心理发展的生理条件，但不能决定人的心理内容和发展水平。广义的素质指的是人在先天生理的基础上通过后天环境影响和教育训练所获得的、内在的、相对稳定的、长期发挥作用的身心特征及其基本品质结构，通常又称为素养。素质既包括先天遗传特征，又包括后天习得的素养。它着重表现人在先天生理基础上，受后天环境、教育的影响，通过个体自身认识和社会实践养成的比较稳定的身心发展的基本品质。

素质是人的潜能，一个人的素质决定了其事业的成败和生活的悲欢。素质具有稳定性，人的素质一经形成，就具有比较稳定的性质，并在各种活动中表现出来。同时，素质也是可以发展的，人的素质与社会的科学技术、生产力发展水平以及精神文明程度相联系，是在各种因素的影响下逐步形成和发展的，不同社会、不同历史时期，对素质的要求不同。另外，个体的素质也是发展的。

人的素质具有优劣好坏之分,教育的目的就在于培养和发展学生的优良素质。

2. 素质的构成

人的素质可划分为以下三个层次。

(1) 自然素质

这是人的素质的物质基础,包括生理机能、运动机能、体质体形等方面的素质。

(2) 心理素质

它包括个体认识、需要、动机、兴趣、情感、意志、气质、性格等智力和非智力素质。

(3) 社会素质

它包括个体的受教育程度、文化科学知识、思想品德素养、劳动生活技能、审美情趣等方面的素质。

以上三方面的素质分别处于人素质结构的不同层次,它们相互作用和渗透,相互影响与制约,共同构成了人的素质的有机整体,促进着人整体素质的发展与提高。其中,心理素质是人素质结构的核心因素,是使人各部分素质"联系起来"能动发展的内部动因。

## (二) 心理素质的含义及其内容

1. 心理素质的含义

心理素质是在种族和个体遗传的基础上,经过后天的学习与生活的磨炼而形成的人的心理倾向和心理发展水平的总和,是指人在知识、情绪、情感、意志、性格、自我意识、价值观及社会交往与适应能力等方面的素养。

心理素质与心理健康既有联系又有区别。心理素质是指人的心理品质。心理健康是指一个人积极适应环境的能力或状态。良好的心理素质是使心理保持健康状态的重要基础,而健康的心理状态又是培养良好心理素质的基本条件。

2. 心理素质的内容

心理素质的内容很多,大体上可以分为四大类。

(1) 智力与能力因素类

这类心理素质与非智力因素有着非常重要的关系,其中智力因素主要表现为思维,其在观察、注意、想象、记忆的基础上,发挥思维的核心作用。能力因素主要是创造力,其在组织能力、定向能力、动手操作能力、适应能力的基础上发挥创造能力的作用，体现一个人的健康心理素质。智力与能力因素类包括观察力、记忆力、想象力、注意力、创造力、分析问题及解决问题的能力、口头表述能力、书面表达能力、社会交往能力、操作能力等。

（2）非智力因素类

非智力因素是指智力和能力之外的，而又决定智力活动效益的一切心理因素，它对一个人的智力起着推动、导向、催化、补偿等作用。美国学者特尔曼提出的情绪智商（EQ）学说认为，一个人的事业成就20%取决于智商（IQ），80%取决于情商（EQ）。非智力因素类包括需要、动机、兴趣、爱好、情绪、情感、意志、气质、性格、态度、理想、信念、人生观、价值观、世界观等。

（3）心理状态类

心理状态素质是一个人内在的心理品质，是对自己的认可、肯定、接受和支持及对自己情绪的感觉、认识和评价，包括自我认识、自我接纳、自爱、自尊、自信、自律、自强、自立、自我评价、乐观、进取、心理平衡、心理承受力等。

（4）社会适应类

任何一个人都有双重属性，社会属性是人们的一个重要特征之一。一个人的社会化程度，决定了他的人际关系以及适应社会环境的水平，也就形成了社会适应素质，包括社会化、学习心理、性心理、爱心、同情心、宽容、竞争意识、合作意识、敬业精神、事业心、责任心、角色意识、规范意识、现代意识、健康意识等。

积极健康的社会适应素质包括两个方面的含义：一是改变自己以顺应环境或顺应环境中的某些变化；二是在不断与环境抗争中做选择，从一个目标走向另一个目标。

## 二、良好心理素质的意义、标志及培养

心理素质关系到个人的事业能否成功、生活质量的优劣，也关系到人与人之间的和谐与否及社会的协调和稳定程度，对大学生的就业与成才也有着重大影响，良好的心理素质对择业目标实现起着促进和保障作用，可使求职者充分发挥自己的聪明才智，挖掘自己的潜力，综合自己的优势，扬长避短，不懈努力，从而找到最能施展自己才华、实现人生抱负的舞台。

### （一）对大学生求职择业的重要意义

求职择业是大学生人生面临的一次重要选择，也是对大学生综合素质特

别是心理素质的一次检验。保持良好的心理素质,既有利于维护大学生的身心健康,也有利于大学生的求职择业,具有十分重要的作用。

### 1. 有利于大学毕业生合理确定择业目标

大学毕业生求职择业中遇到的首要问题就是如何确定择业目标。择业目标确定得合理,有助于择业成功。保持良好的心理素质可以促使大学生在择业中客观地分析自我、认识自我,客观地分析现实和社会需求,从而使自己的理想与现实有机结合起来,在择业的坐标中找到自己确切的位置,不至于因期望值过高而脱离实际或因过于自卑而降低目标。保持良好的心理素质还有助于大学生及时协调个人志愿与社会需要的关系,理智调整自己的目标,使自己的主观愿望尽可能与客观实际相吻合,做出恰到好处的选择。

### 2. 有利于大学毕业生正确实施择业计划

求职择业是一个复杂烦琐的过程,包括一系列环节,择业目标确定后需要大学毕业生根据社会的需求和自己的实际情况制订详细的择业计划,而择业计划的实施则需要良好的心理素质做保障。大学毕业生保持良好的心理素质,有助于大学生择业计划的正确实施,使其在自荐、面试等择业活动中能保持健康良好的心态和情绪,乐观向上,面对现实,敢于竞争、不怕挫折。无论成功与否,都能及时进行心态和情绪的自我调整,合理支配自己的情感和行动,对外界刺激做出能被社会认可的反应。特别是在不成功时能有效地克制自己,调整心态,尽快摆脱消极情绪的影响,避免情绪大起大落,以便总结经验,另辟蹊径。

### 3. 有利于大学毕业生就业后的职业适应

大学毕业生求职择业成功以后就能顺利就业,但就业后的职业活动,并非原来学习活动的简单迁移,职业适应需要有一个过程。对大多数学生来说,大学阶段过的是一种单纯而有保障的生活,学习、生活、交际、娱乐都有规律,在这样的环境里,容易萌发浪漫的情调和美好的理想。可从学校走入社会,现实与理想往往存在着矛盾,职业适应过程长或短、快或慢、顺利或曲折,固然受多方面因素的影响,但是否具有良好的心理素质无疑是一个重要的前提条件。

综上所述,保持良好心理素质对于大学生择业前后的各个环节都有着十分重要的作用,尤其是在面临重大抉择、心理矛盾突出、情绪起伏较大的情况下,其作用更为明显。

## （二）良好心理素质的标志

### 1. 智力正常

智力正常与否是判断一个人心理是否健康、心理素质是否良好的基本标准。智力正常是具备良好心理素质的基本条件，是人们有效进行认知活动并顺利适应环境心理特点的有机综合。智力正常主要包括观察力、记忆力、想象力、思维能力、注意力和创造力等因素正常。

### 2. 意志健全

意志是实现人活动目标过程的心理素质。意志健全表现为行为目的明确合理，自觉性高；意志顽强，能自觉克服前进道路中的各种困难和挫折，不实现奋斗目标誓不罢休；善于冷静、客观分析情况，处事果断；自制力与忍耐力强，能有效控制自己。

### 3. 情绪稳定

情绪稳定指一个人反应适度，心境良好，积极乐观，无论成功或失败，都能适时自我调整情绪，正确支配自己的情感与行动，对周围环境和外界刺激做出合适的反应，特别是身处逆境时，能发掘生活的希望，增强自信心，受到挫折或失败时，不气馁、不灰心，能控制自己的情绪，调整自己的心境，及时摆脱消极情绪的困扰，避免情绪大起大落。

### 4. 行为适度

行为是心理品质在具体活动中的表现。行为适度指一个人行为符合年龄特点，对外界刺激能做出符合社会认可的反应。

### 5. 人格统一

人格是指个体区别他人的比较稳定的心理特征的总和。人格统一的主要表现是性格乐观开朗；有较强的自我意识，能比较正确地认识和评价自我，并有效支配自己的行为；有积极的价值取向；人格结构中无明显的冲突与分裂的现象。

## （三）如何培养大学生良好的择业心理素质

### 1. 开发智力

正常的智力活动是人从事一切活动的最基本的心理条件。智力和知识密不可分。知识是人类在社会实践中积累起来的经验，是前人与他人运用他们的智力认识世界的成果，也是后人开发智力的养料。掌握知识，用社会需要的知识丰富自己，才能见多识广、高瞻远瞩，从而提高自己的心理素质。智力是通过学习活动在掌握知识技能的基础上发展起来的,且反过来影响知识技能的掌握。智力的一个主要表现就是学习知识、运用知识的能力,不学习知识,就不可能有智力的发展。人的智力就是通过对知识的加工表现出来的,也是在加工的过程中发展完善的。

大学是人生最宝贵的求知阶段,作为一个大学生来说,要培养良好的择业心理素质,必须用丰富的、全面的、先进的知识武装自己,积极开发自己的智力。首先是要搞好专业知识与技能的学习,把自己培养成社会需要的专门人才;其次要加强自己动手能力的锻炼,具有上岗适应快、动手能力强,有别于其他大学生的优势;再次要加强系统、综合知识的学习,特别要注意人文知识、外语知识、计算机知识的学习,拓宽自己的知识面,使自己能够适应21世纪世界科学技术的发展。同时,还要加强社会实践知识的学习,在实践中汲取营养,使自己学到的知识能力在实践中得到检验和运用。

2. 正视现实

正视现实是大学生择业必须具备的良好素质。正视现实包括两个方面。一是正视社会。人是社会的人,是现实的人,无论正视与否,都是客观存在的。正确的态度就是正视社会,适应社会。随着我国经济社会的发展,社会将尽可能为大学生求职择业提供良好的条件和环境。但我国人口多、就业压力大,社会为大学生提供的就业岗位不可能让人人满意。有的地方、有的专业供需不平衡,如边远地区、艰苦行业、基层和第一线急需人才;而城市环境好、工作待遇高的理想单位接纳量总是有限的。因此,大学生应该面对现实,从实际出发,正确处理好理想和现实的关系。二是正视自己。"知人者智,自知者明。"正视自己,就是要客观全面地看待自己,实事求是地评价自己,要对自己的思想政治表现、学业成绩、知识结构、专业技能、一般能力、特殊才能、身体状况、兴趣、特长、情感、意志、性格、气质、社交等方面进行客观公正的评价,选择适合自己并且今后发展的具有竞争实力的职业和单位,走出盲目从众、单凭主观愿望选择单位的择业误区。同时,要正视自己的不足,自觉排除各种不利于认识自我的干扰,力争在竞争中居于主动地位。

3. 正确对待挫折

大学生在求职择业中遇到挫折是正常的,认识生活中的挫折是造就强者的必由之路,挫折是锻炼意志、增强能力的好机会。遭遇挫折时,不应惊慌失措,切不可因此而自卑,更不能偃旗息鼓,而要认真分析、仔细寻找失利的原因,分析是自己主观努力不够还是客观要求太高;是客观条件苛刻还是主观条件不具备。认真分析,才能心中有数,才能更好调节心理。遇到挫折,要保持健康的心理,不能乱了方寸。遇到挫折,应采取积极的态度,放下心理包袱,调整好目标,脚踏实地前进,争取新的机会。当然,一个人战胜挫折的能力不是一时的努力就能形成的,而有赖于平时加强挫折心理承受力的训练。

**4. 构建合理的生活秩序**

许多进入高校学习的学生,是第一次过独立自主的生活,开始时往往觉得时间多得不知怎样利用。因此,必须要尽快构建合理的生活秩序,要掌握一定的适应高校学习的方法,合理安排学习时间,劳逸结合,确立合理的生活节奏,有张有弛,科学用脑,提高学习效率,增添生活情趣,使自己达到最佳适应与发展状态。

学生的主要任务是学习。在紧张的学习中,要特别注意科学用脑,改进学习方法,提倡"积极性休息"。所谓"积极性休息",就是采取合理措施,让大脑的各种神经细胞依次轮替,大脑皮层的兴奋和抑制过程重新分配的休息方法。青年学生实行"积极性休息",可以使大脑皮层活动消耗量减少,不易疲劳,兴趣专注,提高学习效率。合理的生活秩序,可以养成良好的生活习惯、卫生习惯、健康意识,为就业打下良好的基础。用人单位需要有良好生活习惯的人,这样的人才,具有良好的时间观念,可以在平凡的岗位为企业的发展兢兢业业工作。

**5. 建立良好的人际关系**

国际 21 世纪教育委员会郑重提出,21 世纪教育的四大支柱是学会求和、学会做事、学会做人、学会共处。个体的生存和发展是离不开纷繁复杂的人际关系的。学生在学校期间主要的目的就是做人、求知、健体。而做人除了自我道德修养的提高以外,和谐的人际关系、与人交往的能力是很重要的。每个学生都有社交的需要,与同学、老师、亲属、朋友交往能使其在心理上得到充实感和安全感。交往可使人多知,友情可使人欢悦。因为当你忧伤苦闷之时,可以到同学朋友那里去倾诉,能从中得到安慰、鼓励和帮助,增添学习劲头和信心。在人际交往中,广大同学要学会谅解人、尊重人、严于律己、宽以待人,与人为善、以诚待人。可以说,学会做人、学会做事、学会去爱,与良好的人际关系(学会共处)的建立是相辅相成的,是每个人的毕业学习课程,对于一个人心理的健康成长与养护有着举足轻重的作用。

**6. 保持良好的情绪和情感**

情绪和情感是人的感情活动,是人对客观事物是否满足自己需要的主观体验。即将毕业的大学生面对社会的选择,感情活动复杂,大多数毕业生会表现出兴奋、满意的积极情绪，但也有的毕业生表现出消极悲观的情绪。为了能成功择业、顺利就业，大学生保持良好的情绪和情感是非常重要的。实际上，大学学业即将结束，许多人将踏上工作岗位，充分应用自己十几年的学习所得，发挥自己的潜力、特长、优势，一展青春风采，无论是回顾往事，还是审视今天，或者展望未来，大学生都应该感到幸福、成功、振奋。因而，对未来应该充满希望，要期盼自己早日走入社会，得到社会的认可。

## 第三节　大学生择业过程中常见的心理问题及其调适

### 一、择业自卑心理及其调适

#### （一）择业自卑心理的产生

**1. 择业自卑心理的含义与表现**

自卑是一种消极的自我评价或自我意识，是个体对自己能力和品质评价偏低的一种消极情感。

自卑往往产生于青少年时代。父母是孩子的第一任老师，而老师又是学生的领路人和心目中的权威。因此，父母与教师对孩子的评价会对孩子产生巨大的影响，特别是贬抑性的评价，如"太笨""脑瓜不开窍""饭桶""蠢驴"等，都可能严重挫伤孩子的自尊心，使他（她）产生自卑。自卑之所以会产生，往往并非认识上的不同，而是感觉上的差异，其根源就是人们不喜欢用现实的标准或尺度来衡量自己，而相信或假定自己应该达到某种标准或尺度，如"我应该如此这般""我应该像某人一样"等。这种追求大多脱离实际，只会滋生更多的烦恼和自卑，使自己更加抑郁和自责。著名的奥地利心理学家阿德勒就认为：人类都有自卑感，及对自卑感的克服与超越。当我们小的时候，看到别人长大而自卑；当我们长大的时候，却发现别人比我们更有钱；当我们有钱的时候，看到别人比我们更富有、更年轻力壮，这些都会在我们心底产生自卑感。这样看来，自卑其实是不可怕的，从某种程度上讲，自卑也是推动个人不断自我完善的动力。但是，如果已经认识到自己的自卑，而不愿去进行自我突破的话，那么自卑就是非常有害的。

自卑是人生成功之大敌。当自卑渐渐蔓延、扩散，就会产生错误的心理定式，引发出人际关系障碍和许多行为上的困扰，妨碍学习、生活和人际交往这些活动的正常进行。这种病态心理如果不能得到及时而正确的治疗，可能会危害终身。

自卑心理的实质是自我评价过低，自信心差。在择业问题上表现为对自己的能力缺乏了解、缺乏自尊心和自信心。在择业过程中，有的人是缺乏应有的自信，自惭形秽、畏首畏尾、优柔寡断，不敢向用人单位展示自己，从而错失良机，从表面上看是怕别人看不起，实际上是自己看不起自己；有的人过于怯弱、谨小慎微、怯于出头，羞于表现自己，对自己能胜任的工作，也不敢说行，总是说"试试看"，显得很没自信；有的人依赖性强，自己拿不定主意，总想靠学校提供信息、靠老师出主意、靠家长拉关系找到工作，其结果往往是这些学生不能很好向求职单位展示自己的才华，使其求职成功率不高；有的人则在屡遭求职挫折后，享受不到成功的欢乐，感到自己无能，丧失了参与市场竞争的勇气，变得悲观失望，心灰意冷。自卑的人虽然也希望自己给对方留下好印象，但总怀疑自己的能力，在陌生的招聘者面前表现得惊慌失措、面红耳赤、吐字不清，甚至全身发软。强烈的自卑心理成为求职者的最大障碍。

择业自卑是大学生很容易产生的消极心理，对于涉世未深的大学生来说，在择业问题上更容易产生自卑心理，尤其是那些性格内向，在校期间没有参与各种社会工作、经历社会活动锻炼的学生。

**2. 择业自卑心理产生的原因**

择业自卑心理产生的原因很多，有生理的、环境的、家庭的或社会的等，但主要还是心理因素造成的。

（1）自我能力评价过低

求职者在择业过程中对自己的身材、外貌、学习、交往等各方面能力的评价过低，看不到自己的长处与优势，而是夸大自己的不足。他们在认识和评价自己的能力时，进行的是一种不正确的社会比较，即拿自己的短处去与别人的长处进行比较，结果是越比越泄气、越自卑。

（2）消极的自我暗示

有自卑心理的毕业生，惯于进行自我暗示，对自己的期望值总是很低，在求职前，常常对自己进行"我可能不行""我很难成功"的消极自我暗示。这种自我低估的消极暗示使他们不相信自己的力量，抑制了其能力的正常发挥，结果必然造成求职的失败，而失败又似乎印证了他们早先过低的自我评价与期望，从而强化了他们片面的自我认识，增加了自卑感。

（3）失败、挫折的积累

正如一帆风顺、不断取得成功的人容易产生自傲情绪一样，在生活中屡受挫折、经常失败的人也容易在心理上出现自卑情绪。大学生涉世浅，没有丰富的人生阅历，对生活与学习中出现的失败与挫折不能正确认识和应对，他们需要积极的反馈和成功的经验来肯定和支撑自己的信心。如果事与愿违，得到的只是消极的反馈与失败的累积，就会挫伤他们的锐气，使他们在冷漠与嘲笑中形成自卑心理。

（4）不当的归因

不当归因也是择业自卑心理产生的原因之一。许多毕业生习惯于将自己求职的成功归之于偶然的机会、外界的有利条件等，当求职失败时，不是从自己的求职方法、技巧等方面找原因从而加以改进，而是把原因归咎于自己缺乏能力、本领，因而产生自卑情绪。

（5）潜意识中的自负

许多大学毕业生在择业过程中表现出的自卑、自我贬低是由于他们心灵深处的自负所引起的，这是一些大学毕业生择业自卑心理产生的深层原因。在他们的潜意识中，以为人家能的我都能，别人有的我也都有，总认为无论是外形长相还是学问才识，自己都要比别人高些。这使得他们在择业中容不得自己落后于别人，一遇挫折，他们就会很快走向原有状况的反面，出现自卑。

（6）理想与现实的冲突

当代大学生在择业前往往都为自己设计了一个令人羡慕的理想境界，比如发达地区、大城市、大公司、收入高等。但现实总是与之有很大距离，两相对照，就会有自惭形秽、自我不满之感，从而形成自卑。

求职择业需要自信心，自信心是求职择业过程中必不可少的心理素质而自卑是大学毕业生在进行择业时必须要消除的心理障碍。

### （二）择业自卑心理的调适方法

**1. 要相信自己**

相信自己对具有择业自卑心理的毕业生来说是至关重要的，因为自卑心理主要产生于缺乏自信心。车尔尼雪夫斯基有句名言："假如一个人总想着'我办不到'，那他必然会办不到。假如一个人总想着'我办得到'，那就定能办得到。"相信自己，不怀疑自己、贬低自己，久而久之，就会从紧张、恐惧、自卑中解脱出来。相信自己的最好办法就是经常对自己进行积极的心理暗示，比如"别人能干好，我一定也能干好""我行，我定能干好"等。同时，不要过分追求完美，在自己力所能及的范围内，把自己的想法付诸行动，定会对自己更加充满信心，并且也不要把失败作为判断能力大小的标准。

**2. 要敢于实践**

克服自卑的最好办法是行动，用实际行动建立自信。建立自信最快、最有效的方法，就是去做自己害怕的事，直到获得成功。

（1）突出自己，挑前面的位子坐

在各种聚会和课堂上，人们总是先坐满后面的座位，这些人大部分都希望自己不要"太显眼"，而他们怕受人注目的原因就是缺乏信心。而坐在前面有助于个人建立信心。因为敢为人先，敢上人前，敢于将自己置于众目睽睽之下，就必须有足够的勇气和胆量。久而久之，这种行为就成了习惯，自卑也就在潜移默化中变为自信。

（2）睁大眼睛，正视别人

眼睛是心灵的窗口，一个人的眼神可以折射出其性格，透露出情感，传递出微妙的信息。不敢正视别人，意味着自卑、胆怯、恐惧；躲避别人的眼神，则折射出阴暗、不坦荡心态。正视别人等于告诉对方"我是诚实的，光明正大的；我非常尊重和喜欢你"。因此，正视别人，是积极心态的反映，是自信的象征，更是个人魅力的展示。

（3）昂首挺胸，快步行走

人们行走的姿势、步伐与其心理状态有一定关系。懒散的姿势、缓慢的步伐是情绪低落的表现，是对自己、对工作以及对别人不愉快感受的反映。那些遭受打击、被排斥的人，走路大都拖拖拉拉，缺乏自信。改变行走的姿势与速度，有助于心境的调整。要表现出超凡的信心，走起路来应比一般人快。将走路速度加快，就仿佛告诉整个世界："我要到一个重要的地方，去做很重要的事情。"步伐轻快敏捷、身姿昂首挺胸，会给人带来明朗的心境，会使自卑逃遁、自信滋生。

（4）练习当众发言

面对大庭广众讲话，需要很大的勇气和胆量，这是培养和锻炼自信的重要途径。不论什么场合，每次都要主动发言。时间久了，自己就有了信心和胆量。

（5）学会微笑

真诚的微笑不但能缓解自己的不良情绪，还能化解别人的敌对情绪。如果真诚向一个人展颜微笑，他就会对你产生好感，这种好感足以使我们充满自信。

（6）积极参加社会活动

对于有自卑心理的学生来说，其应该主动参与有助于求职的各种实践活动，在这些活动中强化竞争意识，要敢于推销自己，知难而进。在平时不妨多做些把握较大的事情，因为任何成功都会增加人的自信，循序渐进地锻炼自我表现能力是克服自卑的根本途径。比如，学会如何平静地与人交谈；如何接近陌生人；如何同别人握手寒暄；如何进行开场白；如何使谈话继续和终止等技巧。

### 3. 要正确评价自己

俗话说，"人贵有自知之明"。知人为聪，知己为明；知人不易，知己更难。要克服自卑心理，首先要正确评价自己。正确评价自己不仅表现为知道自己的短处，也表现为了解自己的长处。马克思十分赞赏一句名言："你之所以感到巨人高不可攀，只是因为自己跪着，不信你站起来试一试，你一定能发现，自己并不比别人矮一截。许多事情别人能做到的，你经过努力一样能做到。"正确评价自己，是建立自信、消除自卑的有效方法。正确评价自己的办法就是要纠正过低的自我评价，多找自己的长处，即使微不足道也不要忽略，这些本来就属于自己的财富对于个人恢复自信心是十分必要的。人都有所长，要充分利用自己的优势，努力寻求成功的体验，哪怕是一个小小的成功，也会逐步增强自信心。因为在成功的背后，人们就会发现原来自己也是很有才华的。要正确评价自己，还必须客观对待他人对自己的负面评价，自己瞧得起自己。只有自尊，他人才尊之。

### 4. 正确对待自己的弱点和缺陷

"金无足赤，人无完人。"在求职择业过程中，既要承认自己的弱点和缺陷，又要多看自己的长处和优点，并对自己的弱点和缺陷进行弥补。例如，著名的美国总统林肯，不仅是私生子、出生微贱，且面貌丑陋，言谈举止缺乏风度，他对自己的这些缺陷十分敏感。为了弥补这些缺陷，他力求从教育方面来汲取力量，拼命自修以克服早期的知识贫乏和孤陋寡闻。他在烛光、灯光、水光前读书，尽管眼眶越陷越深，但知识的营养却对自身的缺陷做了全面补偿，他最终摆脱了自卑，成为有杰出贡献的美国总统。

## 二、择业焦虑心理及其调适

### （一）择业焦虑心理的含义及表现

焦虑是个体主观上预感到不祥和担心时形成的一种紧张不安、害怕、担忧的混合情绪体验。人们在面临威胁或预料某种不良后果时，都有可能产生这种体验。焦虑是一种复杂的心理，它始于人对某种事物的热烈期盼，形成于担心失去这些的期待、希望。焦虑不只停留于内心活动，如烦躁、压抑、愁苦，还常外显为行为方式，表现为不能集中精神工作、坐立不安、失眠或梦中惊醒等。短期的焦虑对身心、生活、工作无甚妨碍；长时间的焦虑能使人面容憔悴、体重下降，甚至诱发疾病，给身心健康带来影响。如果一个人久陷焦虑情绪而不能自拔，内心便常常会被不安、恐惧、烦恼等体验所累，行为上就会出现退避、消沉、冷漠等情况。而且由于愿望的受阻，个人常常会懊悔、自我谴责，久而久之，便会导致精神状态不稳定，这便是焦虑症，或称焦虑性神经症。

生活中充满很多可能产生焦虑的情境。在求职择业中如果一个人不能很好地处理求职择业矛盾，不能很好地避开求职择业带来的心理误区，严重的就有可能患上焦虑症。许多大学生在毕业前夕都会产生各种焦虑心理，担心自己的理想能否实现，能否找到适合发挥特长、利于自己成长的单位和工作环境；害怕被用人单位拒之门外，十年寒窗付诸东流；担心自己的选择是否正确等。特别是一些长线专业，性格内向或有生理缺陷，成绩不佳，能力一般而又不善"包装"自己，在临近毕业就业单位仍无着落的大学生，表现得更为焦虑。

大学生择业焦虑心理的一种特殊表现就是急躁。尤其在职业未最终确定之前，这种心理就表现得尤为明显。他们有时埋怨时间过得太慢，简直是度日如年；有时又埋怨时间过得太快，最后期限将至，单位仍无着落；他们埋怨用人单位优柔寡断，埋怨父母亲朋办事不力，幻想能一帆风顺、一蹴而就，一旦遇到挫折后便暴躁如雷、怨声载道，特别是那些在规定期限内未落实单位的学生，其心理更为急躁。这种急躁心理，往往使他们缺乏自我控制，心理紧张烦躁不安、无所适从，有时会导致事倍功半甚至事与愿违等不良后果。

### （二）择业焦虑心理产生的原因

#### 1. 因专业不好而产生焦虑

由于社会变化很快，一些高校特别是高职院校来不及合理调整专业设置，使冷门专业的毕业生求业无门。冷门与长线专业的毕业生其择业焦虑集中表现在专业上，这些毕业生与其他专业毕业生在就业竞争中往往处于劣势。

#### 2. 因自身素质原因而产生焦虑

一些大学毕业生直到毕业才认识到当今社会对人才急切渴求，开始反省自己，成绩平平，也没有什么特长，懊悔自己没有在大学学习期间培养能力，提高自身素质，担心自己不能找到好的工作，甚至不能胜任将来的工作。

#### 3. 因不了解怎样择业而产生焦虑

有相当一部分毕业生由于不了解择业过程中的政策、程序、要求、方法、技巧等而产生焦虑感，导致在择业过程中有的盲目等待、一无所获，有的海投简历、到处碰壁，他们因无法谋求到自己满意的工作而焦虑不安。

另外，个人对择业的心理准备不足，对择业环境过分依赖，对择业竞争与择业失败的惧怕心理都会引起择业焦虑。

由于大学毕业生在择业过程中存在着种种焦虑心理，他们的行为、举动和心态都会受到很大影响，往往在思想情绪与行动上表现为寝食不安、无心学习、消极低沉、盲目冲动等，从而严重影响着求职择业。

**4. 因社会就业环境对择业的影响而产生焦虑**

虽然我国经济高速增长，但由于就业压力大，经济增长对大学毕业生就业的拉动作用远不如人们想象的那么大。在其所提供的新增就业岗位中，低层次人才的需求量大，真正适合高等院校毕业生就业的工作岗位增加幅度小于毕业生人数的增加幅度，这就造成了大量文化素质相对较低而且工资更低的农民工、下岗职工占据了许多就业岗位，从而出现了"大学生就业难"的现象。同时，在毕业分配过程中还存在着的一些不良风气，诸如请客、送礼、拉关系等，也会让毕业生们深感焦虑不安。

**5. 因社会用人制度对择业的影响而产生焦虑**

我国目前就业供大于求的现象比较突出，给用人单位在选人、用人时提供了更大的选择空间和自由度，并且用人标准逐年提高，出现了人才的盲目消费、超前消费现象。一些单位甚至以为招聘高学历、高职称人员能够给单位装门面，以致打出"欢迎研究生，考虑本科生，不招专科生"的旗号。"重学历轻技术""重牌子轻能力"的传统观念，使得不少用人单位在选人时，只重视学生所在学校的知名度，轻视技艺型人才的现象普遍存在，用人起点限定在普通高校的本科大学生，将高职院校毕业生拒之门外。这种浮躁的用人观念，只看出身不看能力，致使高职院校毕业生在就业时遭受不公正的待遇。

## （三）择业焦虑心理的调适方法

大学毕业生在择业过程中出现焦虑情绪是一种正常现象，因为每个人在面临重大选择时，往往都会心情紧张，产生焦虑情绪。适度的焦虑具有积极的作用，它会给人产生一种压力，使人处于较高的警醒状态，从而迫使自己积极努力去克服困难，有助于使人获得学习和社会技能，建立人与人之间和谐的相互关系，也有助于既定目标的完成，但是不适当或者过度的焦虑不利于求职择业，因此必须加以调适。

**1. 掌握技巧，努力提高自己的竞争力**

竞争是现代市场经济的显著特征，社会各个方面都存在着竞争，择业更是竞争激烈的一个方面。因此，每一位毕业生都不能消极等待和依赖，而应大胆参与择业竞争。敢于竞争，关键是要靠真才实学。毕业生要在学习好专业知识技能的基础上，利用学校开设的就业指导课，阅读就业方面的书籍，参加供需网页会等活动，学习和掌握一些求职技巧，在实践中锻炼自己，勇于、善于和精于推销自己，发挥自己的聪明才智，充分向用人单位展示自己的才能，让对方认识自己、了解自己、赏识自己，赢得用人单位的尊重、信任，争取成功的机会。要充分做好就业准备，对一些不了解怎样择业的毕业生而言，应多向老师请教，认真参加每次就业指导课（讲座），主动到就业指导机构咨询了解情况，以积累择业方面的知识。有了充分的准备，才会成为竞争中的强者。

#### 2. 认清就业形势，冷静地面对择业竞争

当前大学生就业情况从总体上来讲，竞争激烈，形势严峻，并且在用人制度方面存在着许多弊病，毕业生就业市场还存在着不规范的地方。但是我们要相信随着社会的发展和时间的推移，更多的用人单位会逐渐转变用人观念，在选才上会越来越趋于理性化，从实际出发，与生产、管理、服务一线密切相关的高级应用型人才将会越来越受用人单位的欢迎。同时要认识到，靠关系、走后门的毕竟是少数，且随着社会发展，无能无才者迟早会被淘汰。事实上，用人单位已经逐渐开始从自己切身利益出发选择毕业生，靠拉关系走后门择业已越来越行不通。另外，学校也专门制定了政策，保证整个就业工作公开、公平、公正，努力做到优生优分。俗话说"真金不怕火炼"，毕业生应以提高自身素质为重，而不是怨天尤人。

#### 3. 要全面正确认识自己，树立择业的信心

了解市场，熟悉环境对毕业生求职择业固然重要，但是了解自己更是成功择业的关键。在我国，大学生并不是饱和了，而是缺口巨大。大学生受过高等专业教育，是未来社会的栋梁，毕业生们经过几年的专业学习也基本掌握了相关的知识和技能。因此，面对执业应该有信心，要正确地认识和评价自己，在择业中，既应看到自己的不利方面，又应看到自己的优势所在，从而做到扬长避短，变不利为有利，变压力为动力。对毕业生来说，更应该充分认识自己的优势、特长和存在的不足，做到扬长避短，只有认识自己，才能摆正自己的位置，明确择业目标，做到准确定位，找到适合发挥自己特长的工作，不要盲目和别人攀比，既不要好高骛远，也不要妄自菲薄。

#### 4. 保持乐观心态，用"宣泄法"应对焦虑

在求职择业过程中，适度的焦虑是应该有的，它可以提高动机水平，激

活自身的潜能，激发自己克服困难的斗志，激励自己勇往直前。但是过度焦虑是完全没有必要的，也是于事无补的。大学生要充分认识到焦虑的危害，学会降低自己的焦虑水平，转移、释放自己身上多余的注意力，消除不必要的焦虑，主动克服焦虑带给自己的不良影响。切忌把不良情绪和情感压在心底，忧虑隐藏得越久，受到的伤害越大。消除焦虑的最简单的方法莫过于"宣泄"，大学生可以通过找自己的知心朋友和同学、值得信赖的师长、有经验的和有专长的辅导员或心理学老师，倾吐自己心中的郁闷和不快，求得安慰、疏导和同情，不要让它长期积存在心中。在倾诉和交谈的过程中，要多听取别人的意见，吸取别人的成功经验，减轻自己过重的心理负担和压力，从而使自己保持一种健康向上的心理状态；甚至可以痛哭一场，因为哭也是平衡心理的一种方式；还可以参加大运动量的活动，使身体彻底疲劳，然后好好休息，或者调整一下自己的生物钟。但是宣泄应该在不牺牲自己的身体、不影响他人、无破坏性的前提下进行。

### 三、择业嫉妒心理及其调适

#### （一）择业嫉妒心理的含义及表现

嫉妒是指他人在某方面胜过自己引起的不快甚至是痛苦的情绪体验，是一种错综复杂的情绪体验，是自尊心的一种异常表现。嫉妒心理表现为一个人对他人的品质、才能和成就高于自己时所产生的贬低他人的心理倾向。它有两个明显的特征：一是指向性，即指向比自己"能干"和"幸运"的人；二是发泄性，把别人的优越之处视为对自己的威胁，因而感到心理不平衡，甚至是恐惧和愤怒。除轻微的嫉妒表现为内心怨恨之外，大多数的嫉妒都伴随发泄行为，借助贬低、诽谤甚至报复的手段来求得自己心理的补偿或摆脱恐惧和愤怒的困扰。强烈而持久的嫉妒心往往会对本人及对方产生严重的后果，因此在某些国家嫉妒已被正式列为一种心理疾病。

嫉妒是大学生中普遍存在的不良情绪，只不过轻重有别，如嫉妒别人长得高、漂亮；嫉妒别人能歌善舞；嫉妒别人朋友多；嫉妒别人学习好。嫉妒对大学生的心理健康极为不利，会影响大学生的人际关系，造成同学间的隔阂甚至对立，同时嫉妒会造成个人内心的痛苦，甚至陷入苦恼中不能自拔。

所谓择业嫉妒心理，就是在求职择业过程中对他人的成就、特长或优越的地位持既羡慕又敌视的情感。这种情感的内化就是嫉妒心。择业嫉妒心理表现在多方面，如看到别人某些方面求职条件好，或找到比较理想的工作时，产生羡慕、痛苦又不甘心的心态，甚至为不让别人超过自己，而采取背后拆台等不良手段，别人成功了则说风凉话、讽刺挖苦、造谣中伤以发泄自己的恼怒。择业嫉妒心理会使人把朋友当对头，使朋友关系恶化，嫉妒心还会使团体内（班级或宿舍内）人心涣散、人际关系冷漠，嫉妒者本人也会增加内心的痛苦和烦恼，甚至影响求职的顺利进行。择业嫉妒心理是于人于己都不利的不良心态，必须加以克服。

择业嫉妒心理产生的原因是多方面的，如心胸狭窄、虚荣心太强、名利思想太严重等，实质上这些都是自私的表现。

### （二）择业嫉妒心理调适的方法

#### 1. 正确评价竞争

社会主义市场经济条件下竞争无处不在。当看到别人在某些方面超过自己的时候，不要盯着别人的成绩怨恨，更不要企图把别人拉下马，而应采取正当的策略和手段，在提升个人能力上狠下功夫。

#### 2. 正确评价成功

有了正确的成功价值观，就能正确对待别人的成功和成绩，认识到一个人的成功是付出了许多的艰辛和巨大的代价取得的。正确的成功价值观是一个人在别人有成绩时，会肯定别人的成绩，并且虚心向对方学习，迎头赶上，以靠自己努力得来的成功为荣，采取正确的比较方法，将人之长比己之短，而不是以己之长比人之短，发现自己的不足，迎头赶上。

#### 3. 能客观评价自己

嫉妒是一种突出自我的表现。如果一个人体察到自己有嫉妒心，就要客观评价自己，找出一定的差距，当别人在某些方面确有优势，而自己明显有不足时，就要坦然对待，审时度势，下决心去超越；或转移竞争方向，在其他方面努力做出成绩。要学会欣赏别人的长处，而不是非要跟其他人一样，不要和别人过不去，更别和自己过不去。要通过自我意识的调节，控制自己的动机和感情，及时把不良意识排除在自我人格之外。

#### 4. 提高心理健康水平

心理健康的人，总是胸怀宽广，做人做事光明磊落。而心胸狭窄的人，才容易产生嫉妒。虚荣心是嫉妒产生的重要根源。虚荣心是一种扭曲了的自尊心。自尊心追求的是真实的荣誉，而虚荣心追求的是虚假的荣誉。心理学家的观察研究证明，嫉妒心强烈的人易患心脏病，而且死亡率也高；而嫉妒心较弱的人，心脏病发病率和死亡率均明显低于前者，只有前者的 1/3 左右。因此，我们一定要放宽心胸、积极进取，通过丰富的生活来充实自己，从而提高自己的心理健康水平。

## 四、择业怕苦心理及其调适

### （一）择业怕苦心理的表现

现在的大学生大多数没有经历过艰苦生活的磨炼，普遍缺乏艰苦奋斗的创业精神，存在着"学工不爱工，学农不爱农"的现象，一心想去沿海大城市就业，想去外企工作，想去科研院所工作，就业时死守一线及超一线城市，不考虑西部等真正需要人才的地区。

高校毕业生在求职择业过程中，普遍存在着择业怕苦心理。这种心理的最突出表现就是毕业生在求职过程中普遍存在攀高心理，职业选择不考虑现实、不考虑自己事业的发展和能力的发挥，更少考虑到国家的需要，过分强调理想，刻意追求最满意的结果，其理想的职业选择标准是"三高"，即起点高、薪水高、职位高。起点高是既要求工作环境好，又要求有发展前途，最好是弹性坐班的单位；薪水高就是注重经济收入，提高自己的生活水平；职位高就是要求社会地位高，最好是大公司、大型科研院所。这些学生要求所选择的工作单位要名声好一点、牌子响一点、效益高一点、工作轻一点、离家近一点、管理松一点，即"六点"。

当代大学生之所以会产生择业怕苦心理，一是现在的学生中独生子女所占的比例越来越大，很多人生活条件优越，再加上父母及家庭的过分呵护，他们的生活一帆风顺，没有吃过苦，没有经历过挫折，缺乏艰苦奋斗的精神，这就客观上培养了他们的怕苦心理；二是当代青年学生的理想丰富多彩，在择业中对理想的追求更加强烈，更加远大，但由于涉世尚浅，对社会了解还不够深，个人理想往往脱离客观现实与主观条件，在择业上与社会需要存在差距。

择业怕苦心理严重影响择业的成功率。毕业生在怕苦心理的驱使下，选择职业的面很窄，形成"千军万马挤独木桥"的局面。个别大一点的公司来招聘时，学校一宣布信息，几个名额能有几百人来报名应聘；而去比较艰苦的一线当员工，或者去"三线"企业工作时，应聘者却寥寥无几，甚至可能用人单位会空手而归。这种局面的直接后果是增加了大学生求职的失败率和困难，因此毕业生在求职前必须克服怕苦的心理。

### （二）择业怕苦心理调适的方法

#### 1. 要认识到最艰苦的环境才最容易锻炼人

古今中外任何一位有成就的人，无论从事什么行业，都经历了艰辛卓绝、兢兢业业、任劳任怨的创业过程，克服了重重困难，以顽强的意志，一步一个脚印，才取得成功。因为光明的前途往往与曲折的道路并存，要准备成就事业，就要准备吃苦在先、艰苦创业。实际上，人的一生都是艰苦奋斗的过程。准备求职的大学生，必须要有艰苦创业的思想准备。特别是基层，那里尽管条件比较艰苦，工作生活条件和环境相对较差，但由于缺乏人才，急需大学毕业生去开拓、去创业。据一些高校近年来毕业生成才情况的追踪调查报告显示，工作出色、成绩显著的毕业生大多出自基层，大多是从基层艰苦奋斗成长起来的。"宝剑锋从磨砺出，梅花香自苦寒来。"大学生只要真正深入基层，扎扎实实工作，肯定会大有收获。

**2. 要通过实践培养自己艰苦奋斗的作风**

生活其实是最公平的，一分耕耘一分收获，不付出辛苦的劳动，求职不易成功，事业也不会有所建树。大学生要在日常的学习和生活中有意识地锻炼自己，培养自己肯吃苦的精神和能吃苦的素质，这对求职成功是大有益处的。

**3. 要从思想上认识到能吃苦是一个人最基本的能力**

不能吃苦就不会有事业的成功，即使是获得了"三高"职位也同样需要吃苦。有一些学生，千方百计挤进一些比较大型的企业后，又很快跳槽，其原因是受不了该企业紧张的节奏和高效率的工作。也有不少学生，当初选择去一些艰苦的企业，埋头苦干，最后脱颖而出。

# 第六章 大学生就业过程中的准备与相应技巧

随着市场经济和科学技术的发展，社会对毕业生素质的要求越来越高。面对日趋激烈的就业竞争，毕业生应如何根据未来社会对人才的需要，锻炼和培养自己的能力，提高综合素质，适应21世纪社会经济发展的要求。本章就着重介绍了社会对高校毕业生素质能力的要求和大学生提高综合素质的途径与方法。

## 第一节 大学生的就业准备

### 一、素质能力要求

#### （一）毕业生的素质能力要求

进入21世纪，人类社会也进入了知识经济的新时代，这是以人为本的时代。新时代、新形势对当代大学毕业生提出了更新更高的要求，人才之间和就业岗位之间的竞争更加激烈。现在社会和用人单位不再只关心大学生优秀的成绩单，而更多注重毕业生的综合素质和能力，这已是当前毕业生就业中的一个显著特点。只有具备高素质、强能力，才能立足社会，受社会欢迎。美国劳工部通过调查认为21世纪人才能力的标准为①处理人际关系的能力；②处理信息的能力；③系统看待事物的能力；④处理好人与资源关系的能力；⑤运用技术的能力。这几个标准值得我们借鉴与思考。从目前情况看，我们认为大学生应着重加强以下几方面素质能力的培养，以适应当前社会经济发展和时代需要。

1. 团结合作精神

良好的团结合作精神是一个人事业成功的重要条件。对于刚刚走上工作岗位的毕业生来说，做到团结和了解别人，建立和谐的人际关系，有利于尽快消除陌生感，适应工作环境，促进个人在单位中的发展。而随着经济全球化，社会对毕业生的国际交往能力也提出了更高要求。如果毕业生自以为是，不愿与他人合作，不善于沟通，是很难融合到集体中去的，由此导致同事间相互拆台，给集体带来损失的现象也有可能发生。用人单位是绝不会欢迎这样的人的。因此，大学生在学习知识和提高能力的同时，也要掌握与人相处、沟通的技巧，培养团队合作精神，提高与他人甚至与国际友人交际合作的能力。

### 2. 创造能力和创新精神

创新是一个民族进步的灵魂，一个国家兴旺发达的动力。科学技术的发展，社会各项事业的进步，都要靠不断创新，而创新就要靠人才，特别是要靠年轻的英才。创造性人才是知识经济时代最受欢迎的人才，创造能力的培养是人才素质能力培养的主要内容。如何把自己培养成为高素质的创造性人才，是大学生面临的极具挑战性的课题。

（1）培养创造能力首先要具有进取精神

高尔基有句名言："一个人追求的目标越高，他的能力就发展得越快。"大学生要有远大的理想抱负、强烈的进取精神，勇于迎接竞争和挑战，与时代潮流同步，这是当代大学生应有的品质和风貌。

（2）注重创造性思维的培养

大学生要注重个性思维的发展，要有意识地培养自己独立思考的思维方式和习惯，积极参加专业竞赛和科研活动，勇于向传统知识和传统认识发起挑战，破旧立新，不墨守成规。

（3）养成刻苦学习的习惯，永远充满获取知识的渴望

创造力来源于知识的积累，大学生们不管是在校期间或是在单位工作，要做到爱学习，勤思考，勇于实践，敢于创新，不断完善自己的知识结构，从学习中获得乐趣和动力。

（4）坚持求真务实的科学态度

搞创造发明研究容不得半点虚假，要在不断的实践中脚踏实地、认真谨慎。我国知名的锻压专家、哈尔滨工业大学的博士生导师王仲仁教授指出："创造能力的培养要有'四心'，即事业心、好奇心、谦虚心、强忍心"。这是很值得大学生们思考和学习的。

现在，知识经济的发展以及中国日趋完善的市场经济体系，为具有创新精神和创业意识的有志于成为"知本家"，并希望将知识创新技术转化为财富的大学生创造了大好条件。近几年，不少大学毕业生利用自己的知识资本创办企业或以知识技术入股与他人合作创办各种经济实体和服务机构，这已成为知识经济时代的一种新时尚。它表明，拥有丰富知识和创造能力的大学

生，完全可以安排自己的人生，设计自己的事业，成为新一代中国的社会栋梁。

### 3. 强烈的事业心和责任感

具有事业心和责任感是社会对大学生最基本的素质要求，也是毕业生成才的基础、事业腾飞的起点。社会和用人单位希望并要求毕业生把选择的工作当作长期追求、投入的事业，要与单位同甘苦、共患难，荣辱与共，而不是仅仅把它当作是赚钱谋生的职业和临时落脚点。许多用人单位对学生的要求是业务要精，为人要诚，即对事业的诚、对单位的诚而对那些工作马虎并且频繁"跳槽"不安分者，往往避而远之。

认真负责的工作态度和对事业的忠诚热爱，不是生来就有的，需要在实践中培养和锻炼。其一，对工作要有兴趣。一个人若对自己的工作缺乏兴趣，就谈不上有责任感，也难以做出成绩来，甚至还会出现失误，影响自己的发展。其二，要有艰苦奋斗的精神。毕业生在实际工作中总难免有这样那样的曲折和坎坷，需要保持昂扬的斗志并拥有坚忍不拔的作风，坚定不移朝着既定的奋斗目标前进。其三，从人才成长的规律和职业行为来看，盲目的"跳槽"和频繁的"流动"不利于岗位成才，最终对自身的成长和发展也不利。当今虽不提倡"从一而终"但个人选择工作职位时慎重，从事工作时相对稳定，才有可能取得较好的工作成果。

### 4. 获取新知识、新技术的能力

党的"十五大"提出了经济体制改革和经济发展战略，加速了产业结构的变革，从客观上使社会形成劳动力全面流动的特点，打破了"从一而终"的就业模式，这对人才的知结构与适应性提出了严峻的挑战。与此同时，在知识经济时代，人类科技知识的高速发展、高速传播与高速转化，大大缩短了知识更新的周期，大学生在校期间所学的知识有相当一部分在毕业时已陈旧过时，或者在其走上工作岗位后，发现知识不够用。某研究观点指出个别大学毕业生在学校获得的知识，只占其一生工作所需知识的10%，其余则需在毕业后的继续学习中不断获取。因此，大学毕业生在校期间要学好专业知识的同时，更要培养和提高自己的学习能力，根据工作的需要不断调整自己的知识结构，加速知识的更新换代，以善于获取新知识、新科技的能力去适应社会的要求。

首先作为大学生，面对高新技术的飞速发展和知识信息的"大爆炸"，要有积极进取、锲而不舍的求学态度，这是不断获取知识的根本途径。不管是在校期间或是在单位工作大学生都要注意不断增强学习的欲望和兴趣，打下扎实的专业基础，主动了解高新技术的发展态势，了解科学技术前沿知识，以适应现代科技加速发展的趋势，满足自我的生存发展需要。

其次，要掌握科学的学习方法。著名未来学家托夫勒指出："未来的文盲不再是不识字的人，而是没有学会怎样学习的人。""学会学习"成为21世纪人才的首要能力，学习将伴随着人的一生，从"不会"到"学会"，再到"会学"，人们要借助科学的学习方法，不断获取新知识，提高发现新知识、新信息及解决新问题的能力，以迎接和适应知识经济社会发生的日新月异的变化。

最后，要打破陈规陋习，放眼世界，提高自身国际化水平。据有关人才需求预测，21世纪走俏的人才，其中一类是信息敏感的人才。面向世界，参与国际竞争与合作，进一步与国际接轨是中国发展的大趋势，因此大学生要树立全球意识，积极获取、吸收改造有价值和有前途的世界先进文明成果，使其为自己所用，提高自身国际化水平，走在时代潮流的前端。

### 5. 分析判断能力和独立工作能力

良好的分析判断能力是实现个人目标的重要保证。人的一生往往会碰到各种需要自己决断的事情，对于毕业生来说，走向社会，是其人生的一个转折点，面临求职择业，何去何从是对自己分析判断能力的一个检验。在未来的工作中，各种问题以及它们的变化进展都需要自己迅速做出反应，及时予以处理。在社会主义市场经济发展中，新形势、新问题、新困难、新机遇不断涌现，知识经济的全方位信息纷至沓来。面对瞬息万变的情形和良莠不齐的信息，大学毕业生要学会分析和判断各种变化及其影响因素所带来的利弊得失，并妥善处理，善于把握良好的机遇，这是学会工作的第一关。据调查，不受社会欢迎的毕业生的表现之一是行动被动，不善思考，这些毕业生只能从事别人安排、交办的工作，不善于应用所学知识分析和解决实际问题。

此外，大学生参加工作后，人们已把毕业生作为一个独立的社会人对待，逐步放手让其独当一面。因此，大学生要克服在校靠老师、在家靠家长的依赖心理，树立独立意识，在工作中勤于思考，善于总结，亲力亲为，勇于实践，勇挑重担，培养独立工作的能力。爱因斯坦在1936年的一次关于教育的谈话中指出："如果一个人掌握了他所学学科的基础理论，并且学会了独立思考和工作，他必定会找到他自己的道路，而且比起那种主要以获得细节知识为其培训内容的人，他一定会更适应进步和变化。"

### （二）培养综合素质的途径和方法

当今世界，科学技术日新月异，知识经济已经成为一种趋势，国力竞争日趋激烈。社会对毕业生的综合素质提出了更高的要求。面临严峻的挑战和压力，大学生应该清醒认识到个人综合素质的提高，不论是对眼前的求职择业，还是对将来的成才和发展，都是至关重要的。大学生应该在入学时就确定今后的目标，自觉把大学学习同今后的就业紧密联系起来，建立合理的知识结构，锻炼和提高自己的实践能力，以适应将来所从事职业岗位的要求。

**1. 建立合理的知识结构**

知识是人们在改造世界实践过程中所取得的认识和经验总结，反映着客观世界各个领域物质运动或社会发展的规律。知识结构则是指一个人为了实现一定的目标，经过对所学知识的选择与组合而形成的具有一定层次、互相协调作用的知识系统。合理的知识结构是从事现代社会职业的必要条件，是综合素质能力培养和人才成长的基础。大学生应充分认识知识结构在求职择业中的重要作用，根据现代社会的发展需要，塑造自己，发展自己，建立起合理的知识结构，适应社会就业的要求。

（1）现代知识结构的要素

一个合格的大学毕业生，至少应该具备的知识有马克思主义基本理论知识，基础知识，专业知识。

马克思主义基本理论知识是科学的世界观和方法论，是人才成长的思想基础。学习和掌握马克思主义理论，并运用它科学地认识人类社会和自然界各种事物发展的规律，大学生在事业上就可以形成正确的世界观、人生观、价值观，避免对世界产生某些错误的认识。把握事物发展的客观规律，不仅可以为个人政治思想的形成奠定基础，同时还能为个人的成长和能力的培养建立合理的知识结构，是事业成功的前提。

基础知识包括社会、自然、文学、历史、哲学、数学及艺术方面的基础知识以及文化道德修养、伦理知识等，这是大学毕业生所必须具备的基础文化素养。现代科学技术的发展趋势是综合性和多学科交叉发展的趋势，基础知识的广阔、深厚将直接影响人才发展的前景。因此，学好基础知识，才能较好地适应科技发展瞬息万变与职业变换日趋频繁的需要，是人才成长和发展的基础。

专业知识是大学生知识结构的特色所在和主体部分。每个大学生在校期间必须系统学习和牢固掌握本专业的知识，对所学专业的现状和最新科技成果要有较深的、广泛的了解和掌握，要有善于将学到的专业理论知识运用到实际当中去的能力。具备广博扎实的专业知识和能力，是人才事业成功的必要条件。

（2）现代社会职业发展对知识结构的要求

随着科学技术的迅速发展、社会化大生产的不断壮大，现代职业对从业人员的文化素质、知识结构的要求各有不同，但总体要求越来越高。它主要体现在两个方面：一方面，是对知识技能共性的要求越来越多，它要求就业者不仅要具备深厚扎实的基础知识，还必须具有广博精深的专业知识和大容量的新知识储备；另一方面，它对就业者知识和技能的适应性要求也越来越高。

基础知识、基本理论是知识结构的根基，根深才能叶茂。大学毕业生无论选择何种职业，不管要向哪个专业方向发展，都需要深厚扎实的基础知识。特别是随着市场经济和科学技术的高速发展，社会产业结构的不断调整，职业的变化，大学毕业生在择业、就业上已不可能是"从一而终"。要适应这种变化发展，就必须靠扎实深厚的基础知识，才有较强的后劲和运用能力，才能触类旁通。

专业知识是知识结构的核心部分。所谓广博精深，是指大学生对自己所从事专业的知识和技术向纵深发展，精益求精，对学科的历史、现状和发展趋势有较深的认识和系统的了解，并善于将其所学的专业与其他相关知识领域紧密联系起来。只博不精，难以形成自己的特长优势；只精不博，视野不开阔，也难以深入下去，两者是辩证统一的。专深博广已成为当前人才素质的重要要求。著名科学家诺贝尔说过："各种学科彼此之间是有内在联系的，为了解决某一科学领域的问题，应该借助其他有关的科学知识。"诺贝尔毕生献身于化学，但他对电学、光学、机械学、生理学也很感兴趣。

现代各类职业要求从业者的知识"程度高、内容新、实用性强"。"程度高"，指知识量大，面宽；"内容新"，指从业者的知识结构中应以反映当今科学技术发展状况的新知识、新信息为主；"实用性强"，指从业者的知识在生产、工作中有很强的实用价值。目前用人单位普遍要求毕业生能熟练地运用一门外语和计算机。此外，毕业生如能掌握一技之长诸如书法、音乐、绘画、摄影、驾驶等，会增加求职的成功率。

**2. 培养科学的思维方式**

思维是人脑对客观事物的间接和概括反映，思维方式在很大程度上决定了一个人思维能力的高低，成为创造能力、分析判断能力等各种能力素质的基础和关键，因而也就决定了一个人事业的成败。爱因斯坦曾指出："高等教育必须重视培养学生具备会思考探索问题的本领。人们解决世界上所有问题是用大脑的思维能力和智慧，而不是搬书本。"因此，个人应注意科学思维方式的培养。

（1）科学思维方式的主要特征

①理性思维。理性思维即哲学思维。它包括逻辑思维、辩证思维和数

学思维等类型。其基本方式有分析、综合、概括、抽象、演绎、归纳等。理性思维能力较强的人的特点是善于独立思考，富有敏锐的观察力和思维的严密性。

②综合思维。综合思维指思维横向和纵深的综合。横向思维不仅能使人全面把握问题所涉及的范围，还能使人注重问题的重要细节，既注意到问题本身，又不忽视与此问题有关的一切因素。纵深思维能帮助人们分析事物的现象与本质、主要与次要、基本与枝节，使人正确认识事物，揭示事物内部的规律性，预测事物的发展趋势与未来状态。横向思维和纵深思维是相互作用的，只有对问题进行全面而深刻的思考，才能得出完整而准确的结论。

③灵活思维。灵活思维表现为思维活动依据客观情况的变化而改变原有的方案，灵活地采用新的方法、途径来解决问题，具有主动性、及时性和恰当性。在科学技术活动中经常需要这种灵活的思维。有了灵活思考的能力，就可以高速度地纠正错误，向正确的目标逼近。

④独立思维。独立思维包含两方面，一是对各种问题有独立见解，表现为善于提出问题和解决问题，不依赖，不盲从；二是批评性思考问题，就是善于考虑事物正反两方面的因素，坚持正确的一面，放弃错误的一面，分析评价事物从实际出发，不迷信，不轻信。独立思维是人们进行创造活动的必要前提。

（2）如何培养科学的思维方式

①加强马克思主义哲学的学习。马克思主义哲学作为科学的世界观和方法论，是人们认识世界、改造世界的强大思想武器。同时，它也揭示了思维发展的一般规律。要提高理性思维能力，培养科学的思维方式，必须强化马克思主义哲学的学习和运用，增强哲学思维的素养。

②积累丰富的知识和经验。丰富的理论知识和有益的经验，是科学思维方式的基础。一个人掌握的知识越多、越丰富，他的思路就会越广越深，思维的成果就更完整、更准确。大学生要充分利用人类积累的知识来充实自己的头脑，奠定扎实深厚的知识基础，并通过社会实践总结经验。

③独立思考问题。独立思考，是指每一个问题从头到尾，由理论到实践都要经过自己的头脑思考。独立思考要避免死记硬背，需要博学、多思、善问和刻苦钻研精神。

**3. 在实践中培养和锻炼能力**

实践是培养各种能力的重要途径。当前，许多用人单位越来越重视人才效益，强调工作实践经验，因为实践能增强人的动手能力、提高其分析解决问题的能力,更重要的是能够启发想象力,培养创造力。

(1) 在实践中培养的途径

①在学习中培养提高。由于大学生的主要任务是学习,我们就应当把学习过程变成培养提高能力的"训练场"。比如,通过听课过程培养自己的注意力和思维能力;通过做作业、搞课程设计、科学研究、撰写论文的过程培养自己的想象力、创造力和表达能力;通实验和实习过程提高自己的观察能力、操作能力和组织管理能力;同时制订学习计划,学会查阅资料、独立思考,养成爱好读书的习惯,培养自学能力等。

②在课外活动和社团活动中锻炼提高。参加社团活动或在班级、学生会承担一定的工作,不但能使个人生活充实,还可以培养良好的风度与修养,提高管理能力、组织能力和人际交往能力,训练自己的表达能力,增强合作精神;积极参加课外活动,重视演讲、报告、讨论、辩论、谈判等语言文字表达能力的培养,加强心理素质的训练;而在活动中培养起来的独立工作能力和开拓精神,将使人终身受益。这些活动同时还是掌握技能的重要途径,是培养一技之长的重要场所。积极参加课外活动和社团活动,也可以大大提高大学生推销自我的成功率。用人单位大多喜欢录用在学校当过干部或参加过社团活动的毕业生,原因是他们能够将所学的理论知识同工作实践相结合,社会活动能力强,善于同人打交道,能够应付和处理各种复杂问题,能更好打开工作局面。

③在实践中增长才干。知识的积累,如果不能得到很好的运用,就是一种"浪费"。社会实践既可以加深个人对理论和知识的理解,还可以锻炼其解决问题的能力,并且还能从实践中发现问题,进一步促进其学习和研究的热情。社会实践也能使大学生进一步了解国情、民情,增强社会适应能力,为就业奠定坚实的基础。因此,大学生要把每项学习、每项活动、每个工作岗位当作其培养能力的实践场所,努力提高自身的能力。

(2) 培养和提高能力素质的方法

①确立目标,逐步实现。能力,是知识和实践的综合运用。一个人能力的培养和提高,必须经过反复的训练和锻炼,才能取得成效。一些大学生想在短时间内完善自我,想法固然可以,但不现实。必须从实际出发,首先要客观分析自我,然后制订科学的计划,集中精力、分阶段、分层次逐步完善自我,提高综合素质。

②抓紧时间,刻苦锻炼。大学生学习任务比较重,时间比较紧,有些同学想等到学习较松、时间宽裕时再培养自己的素质和能力。其实,素质要靠平时逐渐培养,大学生要善于科学利用时间,在校期间要勤奋学习,积极锻

炼，提高自身素质。

③从身边小事开始积极锻炼。大学生锻炼能力、提高素质要充分利用身边的条件。例如，一些大学生想锻炼组织能力、演讲能力等，可以结合自己的班级、年级工作活动来进行。一些同学认为班级工作范围太小，没有干头。其实，越是基层工作，越需要工作的艺术性和扎实的工作作风。每位大学生都要有"基层意识"。只要利用身边的条件，从细微处着手，从基础抓起，积极锻炼自己，就能提高自己的综合素质。

## 二、掌握过硬的专业知识

知识和能力是一切职业的基础，是一个人成就事业的重要因素。青年人要适应未来的职业生涯，必须要有丰富的知识积累，必须要在社会实践中不断培养自己的职业能力，提高自己的素质，为实现自己的职业理想创造条件。

### （一）过硬的专业知识是成功就业的前提

职业成功的影响因素很多，但有一条可以肯定，那就是拥有与自己所从事的职业相适应的、过硬的专业知识，这是一条亘古不变的道理。特别是现代社会的发展，知识经济的到来，经济的进步不仅仅单纯依靠建立在资源消耗基础之上的劳动，而是更多依赖知识和信息的积累与利用，强调产品和服务的数字化、智能化、网络化。在这种背景下，大学毕业生想要在激烈的人才市场竞争中立于不败之地，顺利就业，首要的任务就是要打好文化基础，掌握过硬的专业知识，形成特有的专业技能，使自己适应社会需要。

**1. 学好专业有利于对口就业**

尽管"一考定终生"的现象正在逐步改变，但是学生就业和社会招聘人才的首要原则基本上还是专业对口。用人单位聘用或录用人才通常希望被用人员专业对口；相应的，学生毕业时就企盼对口就业，能学以致用，以求得高薪和发展，其道理不言而喻。

学校开设的专业一般都是根据市场需求开设的，虽然人才市场是一个动态变化的系统，现实的需要也不一定能看作是将来的需要，但这种现实的需要预测是一种指导性的，有其一定的合理性。因此，大学生应在学校努力学好专业基础知识，掌握专业技能，打好职业功底，这样在人才市场的竞争中，才有可能出类拔萃，领先别人一步，获得胜券。

**2. 学好专业能促进个人职业发展**

当今社会，一专多能的人"跳槽"是常事，但不具有选择职业的现实性和普遍性，稳固职业也可看作是职业选择的特殊形式。

俗话说，"隔行如隔山"。作为大学毕业生要在单位立足，在本职工作上有所作为，就应驾轻就熟地做好本职工作。而要做到这一点，顺利实现个人的社会价值，入职后巩固专业也是重要条件之一。当今社会飞速发展，科学技术日新月异，新的先进的知识必然代替旧的落后的知识，劳动者在一个岗位上工作一辈子的情况，在知识经济时代可能成为一种梦想。因此，高等院校的学生必须打好专业课基础，在工作岗位上才能不断接受新技术、新知识，成为胜任本岗位工作的合格劳动者。而学好专业知识，掌握专业操作方法，既是形成职业能力的基础，又是毕业生择业的重要条件。

### （二）专业实践经验是成功就业的关键

实践是认识发生的基础。人的认识能力的形成，归根到底取决于人所特有的实践活动。实践活动不但促进了人脑的发展，而且通过这种活动在人脑的内化，还产生了人所特有的认知结构和范式，形成了专属于人的认识能力；教育的职能之一就是使人获得生存的手段，获得实践的能力，从这个意义上讲，缺少实践环节的教育是不健全的教育，只有理论知识但完全没有实践经验和能力的人，是不能够在实际生活中获得成功的。因此，大学生必须要重视实践活动，把学习和生产劳动相结合，通过社会实践，对自己所学的知识、理论进行消化和掌握，逐步形成创造性的思维和能力。

我们的高等教育，是要培养具有较高理论水平和较强实践能力的、适应社会主义经济建设的普通劳动者。与一般没有受过专业训练的劳动者相比，大学生在人才市场上具有较大的比较优势，正是在于他们理论水平较高，具有一定的科学思维能力和较强的实践能力。国外研究表明：一个只有小学文化水平和智能结构的劳动者，最多可以提高他劳动生产率的43%；一个中学文化水平和智能结构的劳动者，可以使他的劳动生产率提高至108%；一个大学文化水平和智能结构的劳动者，则可以使他的劳动生产率提高至300%。在我国高校教育中，实践环节教学依然是一个薄弱环节，文科学生尤其突出。

在劳动力相对过剩的今天，用人单位为了节约成本，尽可能地减少职业培训开支，对那些有一定专业经验和社会经验的高校毕业生产生了较大的兴趣，而那些缺乏实践经验的毕业生，在人才市场上就往往容易"滞销"。

现在，在广州、上海等发达地区的人才招聘会上，相当一部分用人单位就明确表示不接收应届毕业生，他们认为应届毕业生动手能力差，到单位后还要花费相当的精力和财力去对他们进行培训，因此只招聘那些具有2年以上工作经验的大学毕业生。这种现象也从另一个侧面反映了实践经验和实践能力在就业过程中的重要性。

大学生的实践，首先是专业实践，其次才是一般意义上的社会实践。专业实践是与其专业相结合的实践活动，是大学生将理论知识与生产劳动相结合的重要环节。对于大学生而言，通过专业实践可以更加深刻了解社会，更加清楚地认识自身知识结构与市场需求、经济发展、科技进步的差距，从而促使自己有针对性的弥补知识不足，提高学习的针对性、实用性，培养思维的创造性。可见，保质保量地完成专业实践活动，是毕业生练就就业的"临门一脚"。一般的社会实践活动也是必不可少的。大学生参加旨在了解社会的社会实践活动过程，就是培养实践能力、增强社会适应性的过程。在这样的实践活动中，大学生通过做社会工作、处理社会问题来获得学习和锻炼的机会，提高社会实践和活动的能力，它是专业实践不可或缺的补充。

### （三）不同职业类型对求职者知识结构的要求

**1. 管理类职业**

对从事管理类专业的人来说，首先要求其具有管理的理论和知识，要求从业人员能根据管理职业的实际需要和管理科学的发展规律，掌握税务、经贸、法律等知识和国家有关的方针政策。

**2. 工程类职业**

它要求毕业生牢固地掌握所学的专业知识，具有与时俱进的现代专业理论和解决较复杂技术问题的能力，熟练地应用现代技术知识且具备一定的管理才能。

**3. 科研类与教育类职业**

科研类职业要求毕业生具有丰富、坚实的专业科学知识，掌握严谨的科学研究方法，掌握大量本专业的前沿信息，熟练掌握各种实验方法和调查方法。由于教育这一职业的特殊性，教育类职业要求毕业生掌握广博扎实的本学科基础知识，熟悉本专业最新研究成果及发展趋势，了解与本专业相近的新兴边缘学科或交叉学科的情况，要求"一专多能"、兴趣广泛，掌握教育科学的有关知识，如教育学、心理学、教材教法、现代化的教学手段等，具备课堂教学组织管理能力、表达能力和较好的书法基础。

**4. 涉外类与公共类职业**

涉外类职业要求毕业生有广博的知识，精通古今中外的政治、经济、文化、风土人情、风俗习惯等，有较高的外语水平，熟练掌握对外政治、经济、科技、贸易、文化交流与往来工作的具体涉外业务技能。公共类职业要求从业者善于分析判断,善于把握机遇,善于了解别人心理,善于和各种类型的人相处交往,善于协调各种关系,为领导提供高质量的决策信息;要有广博的知识结构、广泛良好的社交能力、干练的办事能力和较高的文字语言表达能力。

#### 5. 医药类与农林类职业

医药科学不仅有生物学因素,同时又有社会学因素,如社会学、心理学。医药技术的发展、实验技术和实验设备广泛应用理工科的先进技术,这就要求从业者具有多学科知识,掌握新科技知识,有较强的实际操作能力和科研能力,有精湛的医术和高尚的道德情操,时刻牢记救死扶伤、全心全意为伤病员服务的宗旨。随着农林类科学技术的发展,农林科学的覆盖面逐步扩大,呈现出多学科交叉渗透态势。不管是农、林、牧、副、渔中的哪一种,其生产过程都是多种因素在起作用。同时,农林职业主要分布在农林的第一线,面对农村、农民。因此,要求从业者必须掌握农业新技术,具有生产、经济管理知识,具有适应性、综合性强的知识结构,懂得各种知识的相互联系和应用。

除以上类型的职业对毕业生知识结构有特殊要求外,其他类型职业也有着各自不同时特殊要求。建立合理的知识结构是与确定成才目标相辅相成的。大学生应适时按照确定的职业目标,充分了解职业对从业者知识结构的具体要求,要有计划猎取知识,按系统、分层次进行优化组合,消化吸收,融会贯通,逐渐形成既符合职业要求又有自身特色的知识结构体系。

建立合理的知识结构,没有捷径可走,其基本途径只能是勤奋学习和长期积累,必须持续不断地付出艰辛的劳动。马克思说过:"在科学上没有平坦的大道,只有不畏劳苦沿着陡峭山路攀登的人,才有希望达到光辉的顶点。"

### 三、良好的职业道德修养

职业道德观对人们的择业观、择业心理、择业决策和择业行为等都有一定的指导和约束作用。即将毕业的大学生面对各种职业的选择,首先应该有良好的职业道德修养来指导自己的择业行为,要以正确的态度和观念来选择自己的职业。

#### (一)职业道德的内涵

职业道德是社会主义思想道德建设中的一个极其重要的组成部分,因此我们要高度重视这个问题。要搞好职业道德建设,首先必须弄清职业道德所包含的全部内容。根据职业道德的性质和作用,良好的职业道德应当包括以下几方面的内涵。

### 1. 崇高的职业理想

职业道德是道德素质的集中反映,崇高的职业理想是一个人崇高精神境界的全部,在社会主义道德建设中大力倡导爱岗敬业、诚实守信、办事公道、热情服务、奉献社会的职业道德,是各行各业职业道德的基本准则,是规范人们社会职业道德,指导和约束每个人职业行为的出发点和归宿。崇高的职业理想来源于崇高的职业精神,坚定的职业信仰又使职业道德大放光彩。在平凡的岗位上,只要每个人兢兢业业工作,勤勤恳恳耕耘,满腔热忱为他人谋利益,就会做出不平凡的业绩,树立起良好的职业形象。

### 2. 坚定的职业信念

信念是事业成功的原动力,崇高的职业理想催人奋进。每个人要想在自己的本职岗位上做出一番成绩,首先必须热爱自己所从事的工作,有强烈的职业意识和职业追求。立志在平凡的工作岗位上闪光、发热的人,一定会取得成功,也会为社会的进步和发展做出应有的贡献。坚定的职业信念是良好的职业道德形成的前提与基础,是职业道德内涵的最积极因素。

### 3. 广博的职业知识

每一个人要想在本职岗位上实现自己高超的职业理想,树立良好的职业形象,就必须有比较深厚的科学文化知识。工作虽然千差万别,其内容虽然包罗万象,但无论干哪行,都离不开广博的职业知识。一个人文明程度的高低,职业道德水平的好坏,职业知识起到了关键性的作用。现代社会是知识更新的社会,在现代社会中如果一个人缺乏现代职业知识,那么他将会一事无成,工作中不会出现高质量和高效益。因此,追求高层次的职业知识,是现代社会对每个人提出的现实课题。

### 4. 熟练的职业技能

如果一个人仅仅只有热爱本职工作的良好愿望和一种为人民服务的良好动机,没有过硬的职业技能,要想得到良好的工作效果也只能是异想天开。钻研职业技术,学习职业技能,掌握现代科学技术,是实现职业道德优良化的前提。因此,我们一定要自觉加强职业技术的学习和培训,自觉追求职业技术的优良化,练就职业技术的过硬功夫,积极参加岗位练兵和职业技术进修活动。

人们只有在求知的基础上努力提高自己的动手能力和实际操作水平,才能适应不断变化的社会环境。

### 5. 严格的职业纪律

纪律是一切工作成功的保证。各行各业都有各自的职业纪律要求,任何人都不应违背。违反职业纪律将会导致企业和自身的利益蒙受严重的损失。道德意识和法律观念是密切相关的。在本职工作中，遵守职业纪律是对每个人综合素质的严峻考验，用职业纪律约束自己的一言一行，规范自己的所作所为，是一个人职业道德的基本要求。

一个人不仅要具有良好的职业道德，还要与违法乱纪的行为作斗争，自觉抵制不良思想和行为的影响，使职业纪律条条落到实处。

### 6. 较强的职业追求能力

一个人只有高尚的职业志向、牢固的职业知识基础和一定的职业专长是不够的，还必须具备综合的职业追求能力。社会在不断进步，知识在不断更新，职业现代化的要求越来越高。这就要求我们必须有勇于创造的精神，强烈的进取意识，不断拓宽职业服务的新领域，实现职业观念现代化、职业知识专业化、职业技能标准化、职业心理优良化、职业纪律法制化，真正做到在不同的职业岗位上有所追求、有所创造、有所发展、有所前进。

### 7. 艰苦创业的职业勇气

艰苦创业是我们的优良传统和一贯作风。建设有中国特色的社会主义，实现中华民族的伟大复兴，这既是非常艰巨的事业，同时也为广大的大学生开辟了创造崭新事业的广阔天地。大学生一定要认识到自己肩负的历史使命，在择业的过程中，必须牢固树立艰苦创业的思想观念，在以后的工作岗位上发扬艰苦奋斗、求实奋进的优良传统。在改革开放的历史大潮中，创造成功事业的机遇，将永远拥抱那些具有创造精神、不惧艰苦的人们，而那些贪图享受、墨守成规、畏难退缩的人，只能是一事无成。

每个人都必须有一种永不满足、永无止境的职业追求能力，才能使职业工作上档次、上水平、出成果。

社会的发展需要综合素质高的复合型人才，造就 21 世纪的新型人才，是我们所追求的目的，也是职业道德的全部内涵。

## （二）职业道德的社会作用

职业道德与一般的社会道德相比，其规范性更强，它往往被总结为若干条文，成为业内人士从事相关活动所遵循的规则与纪律，若有人违反，其除了遭受社会舆论的谴责之外，有时还会受到一些特殊方式的惩罚。因此，职业道德在社会生活中，对人们有较大的影响和作用。

### 1. 大学生培养职业道德的重要意义

职业道德是社会主义道德体系中的重要组成部分，是为人民服务的根本宗旨在各种职业活动中的具体体现。我们生活在社会上的每一个人，都享受着前人在职业活动中创造出来的物质和精神财富。同时，我们每一个从业人员一生的大部分时间也在从事着某种职业活动，这样人类社会物质和精神财富才能不断地创造和积累，整个社会才能不断得到发展和进步。否则，人类社会将不复存在。对在校大学生进行职业道德教育，其在促进社会主义精神文明建设方面具有特别重要的现实意义。

（1）职业道德教育是社会主义精神文明建设的重要内容

当前社会上还存在种种不良现象，存在行业不正之风，这些都制约着社会主义精神文明建设，影响整个社会风气。用一定的行为规范和准则去限制、抵制种种不正之风及不道德的职业行为，在建设高度社会主义物质文明的同时，也会推动建设高度的社会主义精神文明。

（2）培养社会主义合格劳动者的必要保证

社会主义的合格劳动者，不仅要有扎实的专业基础知识和熟练的技能技巧，还必须有良好的职业道德。职业道德教育是素质教育的重要组成部分。一个人在事业上是否成功，能否胜任本职工作，主要取决于他的思想品质、知识技能、身体素质等各方面因素，而在这些因素中职业技能、职业道德显得尤为重要。一个人如果只注重专业技能的提高而忽视职业道德建设，那么就不能成为一个合格的职场人。因此，在学生时期，就应打下坚实的思想道德和专业知识的基础。

（3）建立良好人际关系的重要前提

我们每个人都是社会意义上的人，必须适应社会上的一些要求，同时又必须与社会的方方面面打交道。天马行空，独来独往，永不求人是不可能的。随着工业社会的发展，行业之间的分工越来越细，现代社会的生产方式决定了多方位的人际关系。这种人际交往又经常发生在社会大众层面，表现为个体与社会前所未有的联系。人们的社会交往最必需、最大量的就是各行各业之间的服务与被服务。因为，我们每个人的生活、学习、工作等物质和精神方面的需要，都是其他人提供的服务。除此之外，我们每个人也都有义务为他人提供自己所能提供的服务，实现自己所能实现的优质服务。这就是我们常说的"我为人人，人人为我"的道理，它形成了人们之间真诚的服务关系。大家都能按这样的职业道德办事，人与人之间的关系就能得到改善，社会就能有效运转。

（4）改造社会不良风气，树立社会主义道德新风尚的有力武器

行业风气的好坏直接影响到社会风气的好坏，我国政府对此历来都很重视。《中共中央关于加强社会主义精神文明建设若干重要问题的决议》中指出：

"社会主义道德建设要以为人民服务为核心""当前要以加强职业道德建设,纠正行业不正之风为重点"。这些都是为了改变社会上的不良风气、行业的不正之风和反对社会上的腐败现象而强调的。

职业道德就是通过规范各行各业对内、对外的道德行为,来维系整个社会生活的正常运行。如果各行各业的人们都具有规范的社会主义职业道德,能正确认识和行使自己的职业权利,履行自己的职业职责,按照各自的职业道德和要求去处理工作,就一定能够形成良好的职业道德风尚,消除行业不正之风,从而促进整个社会道德风尚的好转。

(5)自觉抵制市场经济的不良影响和旧职业道德的有效手段

如果人们树立了牢固的社会主义职业道德,那么其一方面就会自觉弘扬和吸取那些与市场经济相关的竞争意识、效益观念、时间观念、价值观念等起积极作用的新观念与新时尚;另一方面又会自觉摒弃一些消极的不良影响,如拜金主义、享乐主义、只顾个人利益、过分追求个人价值等。

同时,旧思想、旧职业道德在今天我国社会主义社会中,在某些人身上,在某些单位里,仍然还有影响。比如,把职业分成三六九等,形成高低贵贱;再如同行是冤家、技术封锁、衣冠取人、金钱至上、雇佣观念、损人利己等。这些是与为人民服务,国家、集体利益至上,共同致富的共产主义思想相违背的。因此,我们可以通过学习社会主义职业道德,有效地抵制旧思想、旧职业道德的侵蚀。

**2. 社会主义道德的社会作用**

(1)是加速经济发展的推动力量

社会主义职业道德是为经济建设服务的,是加速经济发展的推动力量。随着社会主义市场经济体制的建立,一个人要想在国内、国际的竞争中取胜,获得较高的效益,就必须提供高人一等的优质服务,而遵守职业道德,做好本职工作,正是提供这种优质服务的基础。

(2)是树立社会新风尚的有效保证

各行各业的职业道德可以统一规定出来。对每一个单位或从业人员来说,岗位易于明确,职责便于规范,但是履行职业道德却不是规定或行政命令就能约束的。这其中社会氛围、公众舆论起着很大的作用,特别在对从业人员的行为监督、效果考察方面作用更大。社会上各行各业的职业道德大家基本上都熟悉,甚至能说出一些条文。职业道德好的人,就是真善美的体现,社会舆论就会大力宣扬;否则,就是假恶丑的暴露,为社会所不齿。如果人们都能朝着安定、团结、健康、和谐的方向发展。社会上的新道德风尚就会逐步形成。

(3) 对培养合格的接班人具有重要价值

当今社会是充满挑战和竞争的社会，要想在激烈的竞争中立于不败之地，我们培养的接班人除了要具备强壮的体魄、敏锐的头脑、较高的文化素养外，还必须具备远大的理想和优良的道德品质。现在和今后一二十年培养出来的学生，他们的思想道德和科学文化素质如何，直接关系到未来中国的面貌，关系到社会主义现代化建设战略目标能否实现，因此大学生一定要牢固树立起立足本职工作，干一行爱一行，全心全意为人民服务的思想，自觉为建设有中国特色的社会主义事业服务。

(4) 是促进人们自觉提高科学文化素质的动力

人们常说要提高服务质量，提供优质服务，但要做到这些却需要坚实的文化科学知识和熟练的技能技巧做基础。在实行社会主义市场经济的今天，各行各业的竞争日益激烈，若不能实现优质服务和提高服务质量，就有可能被优化组合淘汰，就有可能下岗。因此，做好本职工作，并不是仅靠一腔热情就能办到的，这就促使人们要不断去获取新的信息，钻研有关文化科学技术知识和掌握一定的技能技巧，并服务于自己的职业实践。从而既提高自己的文化科学水平和素养，又做好本职工作，达到优质服务和提高服务质量的效果。

由此可见，学好用好社会主义职业道德是非常重要的，它的作用是多方面的，威力是无穷的。

### (三) 职业道德教育

职业道德教育是学校教育教学的重要组成部分。职业道德又是思想道德的重要组成部分，它是指人们在从事正当的社会职业，并在履行其职责过程中，在思想和行为方面应该遵循的道德规范和行为准则。

**1. 职业道德的自我修养**

适应未来的职业需要，大学生必须懂得职业道德，时时注意培养自己良好的职业道德，养成职业方面的良好品质。作为大学生来说，培养自己的职业道德，首先要从身边的点滴小事做起，如尊敬师长、尊重同学，对班级和学校布置的各种任务尽心尽力、尽职尽责。职业道德的自我修养是一个日积月累的过程。因此，要通过点点滴滴的积累，养成文明、守信、诚实、尽责的良好素质。其次要遵守学校的各项规章，养成遵章守纪的良好习惯，这样在进入社会后，才有可能成为一个对社会有用而不危害社会的人。最后要勇于实践，积极参加学校组织的各种活动，积极参加社会实践。通过实践加深对职业道德知识的理解,培养职业道德的情操,掌握、巩固职业道德的行为习惯,为将来进入职业岗位打下良好的职业道德基础。

**2. 利用职业道德课进行教育**

无论是何种专业,都需要进行思想道德教育。实习实践教育或毕业前的理想信念教育这些教育都渗透着职业道德教育的内容。大学生在学习职业道德课的过程中,要逐步形成以共产主义思想为指导的社会主义职业道德的品质;正确理解什么是社会主义职业道德观,用共产主义道德的基本原则、社会主义职业道德的基本内容、具体的职业道德规范等一系列的知识武装自己,培养和提高自己辨别是非、美丑、善恶的能力,做一个对国家和对人民有贡献的人。

**3. 在课堂学习中进行职业道德教育**

大学生要注意在专业知识课程的学习中,发掘吸收有关职业道德培养的内容。职业道德、职业责任、职业纪律是所有从业人员必须遵守的行为规范,而文化课教学和专业课教学,从课程内容、训练要求到技能技巧的培训,都要以培养学生良好的心理品质、意志品质、责任感和纪律作为基础。因而在学习教材中培养自己的职业道德,是职业道德教育的又一途径。

**4. 在社会实践中进行职业道德教育**

大学生进行社会实践的形式,主要有见习参观、实习实践、社会服务、自主创业等。

(1) 利用见习参观机会进行职业道德教育

大学生理论联系实际的途径之一就是见习参观,即在有组织的情况下,参观工人或农民的实际生产过程。学生不但要学技术,还要学习师傅们的职业道德思想,从潜移默化中学到师傅们乐业、敬业、勤业、精业的精神。

(2) 利用实习课进行职业道德教育

实习课是高等院校教育教学的重要组成部分。学生通过实习,能将新学的理论融于实践,达到理论联系实践、学以致用的目的。通过实习实践,还能考查学生团结协作精神及独立创造精神。而技术操作和职业道德应是个统一体,指导教师应将这两点区分不同情况,在总结的基础上给以指导,使职业道德教育具有实效性。

(3) 结合社会服务进行职业道德教育

大学生与社会接触广泛,进行社会服务,就是在实践职业道德理论,并能巩固以往职业道德教育成果,同时还能接受群众检验。

（4）结合创业指导进行职业道德教育

大学生在校期间就要接受创业理论及实践指导，提倡"边上学、边创业"的实践过程，但成功的前提是必须具备良好的职业道德，因为只有良好的职业道德，"创"出的结果才会被社会承认。

**5. 结合社会典型进行职业道德教育**

榜样的力量是无穷的，而这些榜样应是各行各业的"状元"。他们的共同点就是都具备高尚的职业道德，具有爱业、敬业、勤业、精业、甘于奉献的崇高精神。大学生要利用这些典型事迹进行职业道德学习。

## 第二节 大学生的就业技巧

### 一、就业信息概述

就业信息就是指求职者通过某种途径获得，并经过加工整理，能被求职者所理解，并对其求职择业有价值的新消息、知识、资料和情报。大学生顺利就业不仅取决于整个社会的政治、经济状况及自身的能力素质，也取决于其是否拥有就业信息。因此，积极主动地收集就业信息，认真细致地分析处理就业信息，科学有效地利用就业信息，就能获得求职择业的主动权，就能把握最佳的就业机会。

#### （一）就业信息对大学生就业的作用

就业信息在毕业生择业的过程中发挥着至关重要的作用，具体表现在以下几个方面。

**1. 有助于大学生找准自己的位置**

不同时期、不同地域，就业政策会有一定的差异，社会对不同专业毕业生也有不同的需求，大学生必须根据国家及当地的就业政策和社会需求状况适时调整自己的就业期望，并制订有针对性的择业计划，就业信息能帮助大学生在择业过程中有的放矢，有效地减少就业的盲区。

**2. 有助于大学生适时调整自己的知识技能**

毕业生可以通过收集到的就业信息来发现自己的不足，及时调整自己的知识结构，提高自己的能力水平。一旦发现自己在哪方面存在技能欠缺，就去参加必要的补习，进行相应的训练，主动学习和掌握相应的技能，从而使自己在择业中拥有更强的竞争力。

除了在毕业生就业方面发挥重要作用外，就业信息还对高校的学科、专业建设有着重要的参考价值。在毕业生就业市场竞争日益激烈的情况下,高校各学科、各专业毕业生的就业形势直接与市场需求挂钩。各专业毕业生的就业落实率和就业层次与该专业的社会需求量密切相关。一般来讲,就业率和就业层次高的专业,社会的需求量就大。因此,就业需求信息可以直接反映出市场和社会对各专业人才的需求度与对各专业的认同度,反映出专业的"冷"与"热"。

### 3. 有助于顺利解决大学生就业中遇到的问题

毕业生在择业过程中可能会遇到各种各样的问题。例如,如何签订就业协议;如何办理违约手续;如何办理出国手续;毕业离校时还没有找到接收单位该怎么办;如何办理改派手续……对于这些问题和可能发生的情况,各省毕业生就业主管部门和各高校制定了一些相关的规定。毕业生熟悉或了解这些信息,就能清楚地知道在各种情况下自己该如何应对,从而避免事到临头不知所措或想当然应付的情况。

### 4. 有助于大学生以最小的代价找到最理想的工作

在择业的过程中,毕业生通过各种渠道收集就业信息,从中筛选出符合自身条件并且自己满意的用人单位,再通过多种渠道与用人单位联系,从而达成意向,最后签订就业协议。这种落实就业单位的方式同毕业生漫无目的地到处递送推荐材料比较起来,具有成功率高、省时、省力、花销少等优点。

## (二)就业信息的分类

### 1. 就业政策信息

就业政策类信息包括国家和地方制定的与大学生就业相关的法律法规、规章制度以及部分行业从业规定,还包括大学生所在的高校关于毕业生就业的管理规定。比如,《中华人民共和国劳动法》《普通高等学校毕业生就业工作暂行规定》,部分城市接收大学毕业生的规定,高等学校制定的关于毕业生就业的各种通知、规定等文件,大学生报考国家公务员和大学生入伍等各类信息。

可见,政策类信息多半是对大学生就业进行规范的文件,它对大学生就业全程中可能遇到的问题进行了细致的规范,因此,大学生了解和掌握这些就业政策信息是十分必要的。

### 2. 就业形势信息

就业形势信息是中央和地方有关部门(特别是毕业生就业主管部门)发布的毕业生就业人数、供需比、签约率、待就业率等统计性的数据,还有就业环境的变化、相关专业毕业生的就业状况、就业趋势预测等信息。了解和掌握这些信息，对大学生正确判断当前就业形势，构建合理的就业期望是非常重要的。教育部、各省毕业生就业主管部门和各种媒体一般会在9～12月公布当年全国和地方以及部分高等院校毕业生的就业情况。收集这些信息，对于进行就业准备的大学生来说是非常必要的。

### 3. 社会需求信息

社会需求信息即用人单位对所招聘人员的专业、学历层次、个人能力要求和需要人数等方面的信息。可以说，社会需求信息是就业信息中的主体，它直接影响着毕业生能否找到自己满意的单位，也对高等学校毕业生就业落实情况有很大的影响。因此，社会需求信息历来受到学校、毕业生和家长的广泛关注。

需要注意的是，社会需求信息具有明显的分阶段性特点。高校毕业生就业工作的启动时间一般是在每年的11月20日左右。一些国内外知名的高新技术企业和"三资"企业因用人机制灵活，招聘毕业生的工作启动较早，因此在当年11月下旬到当年年底的一段时间里，这类单位的需求信息较多。次年的1～4月，高校毕业用人单位的双向选择活动达到高潮，各地的供需见面会、双选会也频繁召开，各类型单位的需求信息数量也到达顶峰，有时一所高校一天内就可以收到几十家单位的数百条信息，其中尤以机关、事业单位和国有大中型企业的需求信息为多。进入5月份后，大部分毕业生已与用人单位签订了就业协议或达成意向，因此需求信息数量大为减少。

### 4. 就业指导信息

这类信息包括普遍的就业指导理论、方法、技巧，还包括职业指导专家或机构对就业共同性问题发表的评论、咨询和建议等方面的信息，也包括学校发布的一系列就业指导方面的信息。这些信息对大学毕业生准确把握就业形势、掌握就业技巧具有重要的意义。

## （三）警惕求职路上的陷阱

在毕业生就业过程中，作为求职者的毕业生通常处于弱势。而我们应注意避免急于找工作的迫切心情被不怀好意的人利用而牟取利益。为帮助毕业生识别不法招聘的种种伎俩，避免个人权益受损，下面就剖析几种典型的招聘陷阱。

### 1. 高薪诚聘

一些"高薪诚聘"的背后就是不良职业的陷阱。而"高薪诚聘"行骗的对象主要是外地求职者和涉世不深的毕业生。从表面上看，这类招聘似乎不设门槛，面试程序也非常简单，待遇丰厚，其目的是将求职者引入其准备好的陷阱，求职者一旦掉进这类陷阱，损失的不仅是钱财，还可能被误导从事非法的"地下职业"。

2. 非法职业中介

非法职业中介主要是指未经劳动部门、工商部门等批准而从事职业中介的非法机构。非法职业中介通常打着介绍工作的幌子向求职者收取中介费、资料费等费用，却迟迟不能介绍工作，待求职者明白了是受骗上当时，交出去的钱就很难再拿回来，等劳动监察部门接到举报前去查处时，非法职业中介多已人去楼空。非法职业中介的惯用伎俩有以下三种。

①打着"咨询公司""顾问公司"的旗号，以"直聘"或"非中介""拒绝中介"为诱饵使求职者上套。

②用谎言来骗取求职者的信任。他们往往信誓旦旦向求职者保证在很短时间内帮助其找到待遇很好的工作，还经常拿出诸如：某某公司"急聘"的职位表或"中介服务承诺书"之类的道具。

③与用人单位勾结，用虚假、过期信息蒙骗求职者。有时非法职业中介为了将假戏演得逼真，甚至找用人单位做"搭档"，通过提供过期或虚假的招聘信息行骗。

3. 注水招聘信息

这类招聘信息中有许多浮夸的成分：名为招聘会计，实则招聘业务员；明明只有一个空缺职位，广告却说要招聘5人。种种"注水"招聘让求职者深受其害。这类公司不直接收取求职者的钱财，却变相让求职者免费为其提供劳动，或通过招聘向求职者销售产品。这类骗局往往更加隐蔽，骗局被识破的周期也较长，且求职者受骗后也难以收集证据，相关部门监管也比较困难。目前比较普遍的"注水"招聘方式有以下三种。

①名不副实：只缺1人，广告却说要招聘5人；面试承诺月薪5000元，背后却有很难达到的条件；招聘岗位名不副实。

②先购产品后上岗：他们在面试后与求职者约定，必须先购买一些他们的产品，并要求求职者在规定时限内全部推销出去，这样才能证明求职者可以"胜任工作"，否则，则被视为不符合招聘条件。

③试用期永远不合格：此类公司在面试后通常不马上与求职者签订任何有效的书面劳动合同，只是口头承诺，待求职者工作一段时间后才付给极低的报酬，并以"试用考核不合格"为理由解聘求职者。

## 二、求职原则与技巧

工作是给人们提供一个发挥和提高自身才能的机会,它是通过和别人共事,克服自我中心的意识并得到心理满足,获得生存所需的产品和服务。也就是说,我们要生存,而且要生活得好,每个人都必须工作。在竞争激烈的现实社会,人人都想成功地立足于社会,个个都想找到能充分发挥自己特长、获得较高报酬的工作单位。可是,有许多大学毕业生,虽然拥有较高的学历和丰富的知识,但由于初次择业经验不足,缺乏必要的求职择业技巧而很难如愿以偿。求职择业是一门学问,也是一门艺术,有许多技术和技巧,这是择业成功的主要因素之一。因此,要想找到一份理想的工作,学习一些求职择业方法,掌握一定的求职择业技巧是很有必要的。

### (一)个人与职业匹配的原则

#### 1. 性格与职业匹配

有关专家认为,根据性格选择职业,能使自己的行为方式与职业工作相吻合,能更好发挥自己的聪明才智和一技之长,从而得心应手地驾驭本职工作。国外一些用人单位在招聘时,甚至认为性格比能力更重要。

#### 2. 兴趣与职业匹配

一个人选择的职业与自己的兴趣吻合,枯燥的工作也会变得丰富多彩,并会产生工作的动力,但个人的兴趣爱好只能作为职业选择的重要依据,而不是全部。

#### 3. 能力与职业匹配

每个人都有自己的能力结构,而不同的职业对从业者的能力也有不同的要求。随着社会的发展,社会分工越来越细,各种职业对人们提出了更高的技能要求。毕业生在择业时,要选择适合自己能力、能充分发挥自己特长的职业。但要注意不要把兴趣误认为是特长。

#### 4. 气质与职业匹配

在现实生活中,许多人不能做好自己的本职工作,究其原因,并不是其能力低下,而是因为他们的气质与所从事的工作不相适应。人的气质具有先天性和稳定性,它对一个人所从事的职业活动没有决定性作用,但会对从事的职业性质和工作效率产生影响。

#### 5. 价值观与职业的匹配

不同的人对职业特性可能有不同的评价和取向,作为人们对待职业的一种信念和态度，职业价值观往往决定了人们的职业期望，影响着人们对职业方向和职业目标的选择。

### （二）求职技巧

**1. 智慧推销**

毕业生要在求职的各个环节多动脑筋，把自己优秀的方面展现出来，恰到好处地展现自己的外在和内在的特点和优势，让招聘者特别注意，并能留下良好印象。但要记住，智慧不等于耍小聪明，这个恰到好处就意味着既不要"王婆卖瓜"，也不要谦虚过度。

**2. 有的放矢**

毕业生要针对不同用人单位的不同要求，准备针对性较强的材料，强调自己与所应聘岗位相关的知识能力和专长经验。同时，包装已成为当代求职者在求职过程中推销自己的重要手段，适度的包装可以更有效地提升自己的地位和形象，但过度的包装却会使人反感。包装包括两方面：一是自荐材料的包装，应注意按照不同类型的单位准备不同形式的材料，一般可分三类，即国家公务员、学校教师、公司职员；二是对自身的包装，主要是着装、打扮，要求大方、得体、规范。成功的应聘策略是实力＋包装＋推销技巧。

**3. 诚信为本**

毕业生既要客观展示自己的优势和强项，又能正视自己的缺点和不足，其实用人单位并不会太在意个人的缺点和不足（致命的缺点除外），主要是看其发展潜力和对待问题的态度。

**4. 积极主动**

就业信息都有很强的时效性，毕业生在对就业信息进行了充分论证后应主动出击，并做好各方面的准备，否则就会坐失良机。应这样做：不等对方索要，主动呈交；不等对方提问，主动介绍；不消极等待回音，主动询问。这样给人的感觉是态度积极，胸有成竹。

**5. 重点突出**

在介绍自己情况时，要重点突出自己的知识能力和与众不同的地方，还应有一定的举例说明，并且应体现在所表达的语言之中。

### （三）电话求职技巧

随着通信事业的发达，电话求职已成为一种新趋势。电话求职不仅可以起到"先声夺人"的效果，还可以节省时间，避免求职的盲目性，增加面试机会，提高求职效率。在电话求职时，应该注意控制通话时间、准备通话要点、做好通话记录、注重礼貌及通话方式，具体应注意以下几个方面。

**1. 调整好心情**

电话求职时应该准备一些应聘理由和自我推销的说辞，以面试的心情通电话。通常公司在询问后会要求求职者向其发送履历表，甚至在电话中就进行口试，决定是否进一步面谈；如果毕业生把事情想得太轻松、太简单，一旦突然被问及应聘的动机、工作经验等问题，恐怕会因为没有准备好而无法回答周全。

**2. 选择好通话场所**

电话求职时尽量在安静的地方，如果一定要在外面联络，也应选择相对安静的环境，所有环境吵闹的场所都不合适，在这些地方通话除了听不清楚之外，也很容易让人烦躁并心生厌倦。

**3. 选择好通话时机**

不要在对方可能忙于处理其他事务时打电话，临下班前半小时不宜通电话，午休时间打电话会影响别人休息，是不礼貌的，效果也不好。一般应选择上班时间打电话，如果在上班后半小时内打求职电话，效果最理想，这有利于强化对方对自己的记忆和印象；一般不可以在临近下班时间打电话，否则可能会影响对方的情绪，影响通话效果。除此之外，如果估计通话时间较长，应该事先打电话预约。

**4. 准备好通话内容**

作为求职的一种方式，打电话的根本目的就是争取面试机会，电话上只能讲一两个中心内容，因此电话求职时应一切围绕中心来准备通话内容。尤其是要明白自己打电话的目的与意义，明白要告诉对方哪些有吸引力的信息，预期的结果可能是什么，自己可能会碰到些什么障碍，怎样处理意外事件，如何提出与对方会面的要求，整理一下思路后再打电话。接通后，按事先拟好的纲要逐条讲述。求职电话一般应首先自我介绍，询问对方是否要人，要用什么样的人，或直截了当询问招聘广告中不明了的事宜。此外，手头上应准备一些必要的求职材料，以便准确回答对方的提问。

**5. 把握好表达方式**

电话接通后，应有礼貌地说出要找的人的姓名。如果对方就是受话人，应先问候，然后交谈。如果对方不是要找的受话人，应有礼貌地请求对方去传呼受话人，受话人如果不在，应先主动请接电话的人把自己的单位和姓名转告受话人。若需要受话人回电话，应告知电话号码，如果有需要他人转告受话人的事情，要礼貌地请求对方记下。通话时，应注意语调和语气，要表现出令人愉悦的气质，要热情、坚定、自信，咬字要清楚，音量要适中，以对方听清楚为好，不要过分客套，不要含糊其词。通话结束时，应该礼貌地说声"再见"，这是通话结束的信号，也是对对方表示尊重，听到对方把话筒放下，再把电话挂掉。

## 三、面试

### （一）面试的类型及内容

#### 1. 面试的类型

（1）结构式面试

这种面试的目的在于去除偏见，以作出客观的决定，由面试主考官掌控全过程。面试官会按照事先设定的考核标准精心设计问题，制定标准的评判或计分方法，然后对应聘相同职位的应聘者进行相同问题的测试或谈话，以此考核应聘者的知识、能力、经验等，并作出相应评价。结构式面试属于常规面试，为众多用人单位所采用。

（2）非常规面试

结构式面试之外的其他面试方式均可视为非常规面试，常见的有以下几种形式。

①自由式面试。由面试官与应聘者自由漫谈，就像朋友聊天一样，使应试者得到充分放松与自由发挥，显山露水，从面达到了解其"庐山真面目"的目的。

②压力式面试。面试官有意识向应聘者施加压力，或针对某一问题进行一连串发问，刨根问底；或故意为难应试者，使其陷入难堪的境地，以此考查应试者承受挫折的能力、随机应变的能力及心理素质等。

③即兴演讲式面试。一般采取现场抽签的方式，进行即兴命题式演讲。从应试者抽到演讲题开始准备到完成演讲，一般不超过 15 分钟。演讲时间一般为 5 分钟左右。这种面试主要考查应试者语言表达能力、思维敏捷性、逻辑性、知识渊博性等。产品销售员、公关人员、教师等职业领域较多采用即兴演讲式面试。

④角色模仿面试。由应试者现场模仿应聘岗位的角色，并据此判断应试者的学习能力、语言表达能力、公关活动能力、业务水平、随机应变能力，及对应聘岗位的认识程度、理解程度判断其是否能胜任这一工作。

⑤情景式面试。设想某种场景,由应试者在该场景中扮演某种角色去完成某项任务,并据此判断应试者的反应能力和随机应变能力。

(3) 评估中心

这是一系列考核方式的综合,是一些专业化程度较高的外资企业通常使用的方法。这种面试包括在公众面前的个人演讲、辩论、无领导的小组讨论、团队创建游戏等,其测试目的是考核应试者的适应能力和在一个全新的毫无准备的情境中处理问题的能力。

(4) 无领导小组讨论

这种方式是由一组应试者组成一个临时工作小组,讨论面试官给定的问题并做出决策。在这种面试中,主试方要么不给应试者指定特别的角色,要么只是给每个应试者指定一个彼此平等的角色,并且既不指定谁是领导,也不告诉应聘者应该坐在哪个位置,而是让所有应试者自行安排、自行组织,主试人只是通过所安排的讨论题目,观察每个应试者的表现,从而对应试者的素质水平、能力做出判断。这种面试的目的是考核应试者的领导能力、组织协调能力、口头表达能力、说服力、洞察力以及处理人际关系的技巧。

(5) 一对一的个别面试

这种方式经常应用于第一轮面试,其目的不是找出期望中的人选,而是通过对应试者所具备的知识技能和经验等进行初步的了解与核实,剔除一些素质较差的应聘者。

(6) 多对一的主试团面试

这种方式是由人力资源部经理、业务部门经理以及将来有机会与应试者共事的同事等多人组成面试团,对应试者的人格特质、业务素质、行为风格等进行考核。应试者要对面试团成员的所有提问进行回答,并要注意与他们之间的沟通,不能忽略其中任何一个人的问题。面试结束后,面试团会综合所有成员的意见给应试者一个评价。

(7) 多对多的小组面试

主试方和应试者都是多人,主试方多人从不同角度轮流对一个应试者提问,并要求其他应试者对同一问题依次进行回答,从而对应试者进行比较和权衡。这种方式的面试,主考官通常是想了解应试者与团队互动的情况、每个应试者在团队中的角色如何、谁会在团队中以领导身份出现等。

(8) 远程视频面试

这是一种运用现代网络技术手段,通过网络视频进行远程交流的面试方式。

## 2. 面试的内容

### （1）自我介绍

这是应试者与面试官建立互动关系的第一步，在 2～3 分钟的陈述中，面试官将对应试者的精神风貌、表达方式、对工作的渴望态度等情况进行初步判断，从而形成至关重要的第一印象。

### （2）背景陈述

面试官将通过这部分重点考核应试者是否具备与未来工作要求相符或者略有超越的基本能力。

### （3）交流讨论

这是一个面试过程中最关键的部分。通过交流讨论，面试官将试着把应试者的资质和职业兴趣与单位（组织）可能提供的工作岗位进行有机对应。这部分讨论的内容可能是应试者未来工作中会遇到的难题，也可能是貌似与工作无关的宏观战略问题。显然，如果没有对工作职位的充分了解，没有对应试单位惯用思维方式和表达方式的熟悉，应试者是很难回答好这类问题的。因此，任何一次与面试官进行的富有建设性和吸引力的对话，都是建立在对那些自己有兴趣并有信心做好的工作进行充分调查的基础之上的。在这一面试阶段，应试者还可以结合面试官没有涉及或是涉及不充分的与工作有关的问题与面试官进行交流。

### （4）结束阶段

一般情况下，面试官会利用面试的最后几分钟时间对单位再进行简单的介绍，回答应试者仍然不太清楚的问题，同时说明应试者将在什么时候得到面试结果，并介绍接下来的考核方式。

## （二）面试的准备

### 1. 硬件准备

#### （1）推荐材料的准备

面试之前可根据用人单位的特点和要求准备几种格式的推荐材料，确保材料准备齐全，除此之外，还应准备好就业协议书。

#### （2）个人形象的准备

面试前应该准备一套合适得体的职业装，男性最好是深色西装，配同色系或互补色系的衬衫，还要系上领带、穿皮鞋；女性可以选稍休闲的职业装，若是裙装要穿丝袜、合适的高跟鞋。另外，保持良好举止也是能够为面试加分的，比如站姿、坐姿、眼神、表情等都要注意。穿着打扮既能反映一个人的修养，也是对面试官和用人单位的尊重。一般情况下，衣着不整、蓬头垢面会被认为是个人生活习惯不好,而过于超前的打扮又会被认为是不成熟和不可信任的。

(3) 纸、笔、证件的准备

面试之前一定准备好用于面试做记录的纸和笔,并准备好用于证明自己身份和优秀素质的相关证件、证书,包括学生证、身份证、毕业证、相关荣誉证书、发表的各类作品等,最好将相关证书、作品等复印件整理装订成册,并带上原件。

### 2. 软件准备

(1) 知彼知己

一方面,要尽可能详细了解用人单位情况,用人单位情况包括组织内部情况和组织外部情况两方面。组织内部情况包括发展历史和最新动态、发展目标与组织文化、单位领导人的姓名、单位规模与行政结构、服务内容与类别、财务状况、绩效考核体系、培训体系、薪酬体系、正在招聘的职位及能力要求等;组织外部情况包括服务对象的类型及规模、组织的公众形象与社会评价、主要竞争对手的情况等。

另一方面,要尽可能全面综合自己的情况,包括基本情况、教育背景、知识结构、专业水平、组织管理能力、兴趣爱好、社会经验、公众评价、主要优缺点等;只有知彼知己,才能在面试时胸有成竹、言之有物,增强回答问题的针对性和说服力。

(2) 加强面试技巧的培训

特别要加强语言表达能力和随机应变能力的训练,虚心听取他人意见。

(3) 保持良好的心态,努力克服紧张心理

毕业生既要充分认识到求职竞争的激烈、残酷和困难,又要树立战胜自我、战胜他人的必胜信心。要丢掉思想包袱,轻装上阵,畅所欲言,不要患得患失。既不能把一次面试和工作机会看得过轻,抱着无所谓的态度,不屑一顾;又不能将其看得过重,从而背上沉重的心理负担和思想包袱。

(4) 复习并组合面试中可能考核的知识技能

简历根据目标企业和目标岗位的不同,所用语言也就不尽相同,因此面试前应该对投递的简历进行回顾,重新熟悉内容,特别是在个人介绍部分要突出人职匹配度。做好这些工作后,可以请一位有经验的朋友、同学或老师扮演面试官,对面试进行必要的模拟演练,对一些可能提到的问题进行预先熟悉,以便于面试时能更好发挥。

尽量避免有亲朋陪同参加面试。这是缺乏自信的一种表现,也是容易被

面试官淘汰的重要原因。如果可能,最好能了解面试官的基本情况,这会对面试有一定帮助。

### (三)面试各环节把握

#### 1. 做好自我介绍

自我介绍以 2~3 分钟为宜,要做到思路清晰、重点突出,不要重复简历上的内容,主要陈述自己的强项、优势、专业知识技能、成就等情况,突出能为应聘单位做什么贡献。

(1)自我介绍中常见的问题

①准备不足,匆忙上阵。有些应试者由于事前准备不足,连如何介绍自己、应介绍些什么、哪些应重点介绍、哪些作一般介绍等都是一头雾水,甚至连应聘职位情况、用人单位情况、面试官情况等一无所知,更有甚者连自己都不清楚自己到底有何兴趣、能力、特长。

②缺乏信心,紧张不安。有些应试者由于过于自卑、缺乏自信,或把本次应聘看得过重,导致精神紧张、背上沉重的心理包袱,有的甚至说话语无伦次,还未做完介绍,自己就先败下阵来。

③夜郎自大,盛气凌人。有些应试者自过于自信,根本不把一般用人单位放在眼里,一副盛气凌人、趾高气扬的神态。这样自我介绍尚未开始,就会被面试官判了"死刑"。

④不懂礼仪。不能正确使用礼貌用语;有些应试者不能主动热情地向面试官打招呼,在作自我介绍时不知如何称呼面试官。语气粗俗,出口成"脏";有些应试者不注意平时的修养,在作自我介绍时,语言低级庸俗,甚至不堪入耳,令人反感。不讲卫生,打扮不得体;一些求职者在面试时不修边幅,如着装不整洁,皮鞋上面尽是泥土,蓬头垢面。

⑤过分夸耀,口出狂言。有些求职者在自我介绍时,大量使用带有夸耀色彩的语言,言过其实,过分炫耀自己。例如,"希望我这匹千里马能被伯乐相中""我将以我 100% 的工作能力,加 200% 的亲和力,加 300% 的社交能力,加 400% 的创造力,努力创造出 500% 的成果""您给我一个机会,我将给你一个奇迹""我认为我是最好的,如果不录用我,你们会后悔的"。

除此之外,常见的错误还有:大话、空话、套话连篇,有用信息少;类似演讲稿的背诵;类似抒情散文一样的表述;语言简单;思维混乱,颠三倒四;吐字不清,音量不当;面无表情,呆若木鸡。这些都严重影响了自我介绍的效果。

（2）抓住机会，充分展示自我，做好自我介绍

要做好自我介绍就要做到以下几点。

①树立信心，礼貌谦和。应试者在自我介绍时要做到满怀信心，精神饱满；沉着冷静，不慌不忙，面带微笑彬彬有礼。礼貌谦和是中华民族的传统美德，也是在求职面试过程中能博得面试官好感的行为。要尽量使用尊敬与谦虚的语言，要使用尊称，如"尊敬的领导，您好"。称呼要得体，尽量不要用"大家好""考官们好"一类的问候。

②重点突出，有的放矢。个人基本情况要讲清，重点要突出，如姓名、毕业学校、所学专业、年级或班级排名、获奖情况、任职情况、社会实践等情况，要讲清楚，不能省略个人优点、能力，特长或特点要突出，要有鲜明的个性。要根据用人单位的需要和应聘职位的要求，有针对性地进行自我介绍。

③要用事实说话。要注意提供真实可靠的数据，事实一定要具体，不能含糊其词，要有说服力，如"多次获得奖学金""多次参加社会实践活动"等描述难以令人信服，而要说明何时获得几等奖学金，何时何地参加何种社会实践活动，有何收获等，忌大话、空话、套话。

④尽量少用或不用形容词、副词，多用动词。由于自我介绍注重用事实说话，因此不宜使用"很好""非常好""极大""一切""深入""很强""很高""非常高""各种""丰富""渊博""精彩"等形容词或副词，要大量使用"获得""学习""操作""创造""参加""从事""担任""通过""进行""掌握""组织""参与""得到"等动词，使话语更有说服力。

⑤尽量少用或不用模糊语言。自我介绍要令人信服，就必须用较为肯定的语气说话，一般不使用模糊语言，要用"是""确定""一定"等判断词，给人以可信感。

⑥语言精练，把握好时间。一般自我介绍时间为3分钟左右，很少超过5分钟。自我介绍时间长短，往往与应聘者人数，面试官性格、动机等因素有关。如参加面试者人数众多，则自我介绍时间要相应缩短；如参加面试者人数较少，则自我介绍时间可相应长一些。

⑦思路清晰，层次分明。先讲什么，后讲什么；哪些该讲，哪些不该讲；哪些应多讲，哪些应少讲。毕业生对这些都要做到心中有数，有条不紊。

⑧热爱单位，信念坚定。在面试时要表明自己对应聘单位的仰慕憧憬之情、对应聘职位的热爱向往之心以及为之奋斗的坚定信心和决心。

⑨抓住机会，巧用赞美。俗话说："良言一句三冬暖，恶语伤人六月寒。"面试时，要得体使用赞美的语言赞美应聘单位和面试官，即使出现面试官出言不逊或对自己不够尊重的情况，也不要恶语相向。

### 2. 注意面试过程中的礼仪礼貌

**（1）仪表端庄、衣着得体**

衣着要求——质料不易起皱褶，剪裁合身，款式朴素、简练、精干，男生宜穿西服，女生宜穿裙装，不宜穿紧身衣服、太暴露的衣服、牛仔装；男生衣服颜色以黑、白、灰三色最保险，女生着装以不超过三种颜色为宜。

发型要求——整齐、干净、有光泽，不宜太新奇。

鞋袜要求——鞋面洁净、品质好，不宜穿凉鞋。

饰品要求——男生忌戴耳环等；女生耳环不宜太大，最好不戴手镯。

**（2）遵时守约**

遵时守约是最基本的职业道德规范，也是主考官很重视的基本素质。一般应提前 5～10 分钟到达面试地点，一来有充裕的时间调整自己的心态、整理自己的仪表；二来以表示自己求职的诚意。

**（3）耐心候试**

在候试过程中切忌急躁失礼、坐立不安、不停来回走动、与其他候试人大声交谈试图从门窗探看面试情况等。在被通知进入面试室前要关闭手机，在进入面试室时一定要先轻轻敲门，得到允许后方可进入。

**（4）妙用无声语言**

在面试过程中应高度重视握手、眼神、面部表情、坐姿、手脚摆放、喝水、敲门、关门、关闭手机、随身物件的放置等无声语言的使用，达到"此时无声胜有声"的效果。

**（5）礼貌退场，切莫粗心**

一是离开面试室时要礼貌道别；二是离开时要带好自己的所有东西，切莫丢三落四；三是摆放好桌椅。

### （四）面试聆听及应答的技巧

#### 1. 面试聆听的技巧

听，也是一种学问，据心理学家研究，人的思维速度是说话速度的几倍，一般情况下，说者还没说完，听者也许早就理解了，这时人的思想就容易开小差，表现出心不在焉的意识动作或神情，而对对方的谈话听而不见。由此可见，善于倾听，成为一个优秀的"听众"是面试成功的又一个重要方面。

**（1）全神贯注，用心倾听**

面试聆听时精力必须高度集中，切莫分心，要做到耐心、专心。

"耐心"要求应试者在听面试官谈话时，应当保持耐心，不能表现出不耐烦的神色，更不能东张西望。

"专心"要求求职者全神贯注,始终保持精神饱满的状态,专心致志地注视面试官。在面试官谈话过程中,应试者可不时发出表示听懂或赞同的声音。如果一时没有听懂对方的话或有疑问,可以适时提一些有针对性的问题。

(2) 尊重他人,姿势得当

无论是站着还是坐着,都要让面试官感觉到求职者是在"注意倾听",是最优秀的"听众",具体表现为身体要稍微前倾,以缩短与面试官的距离,表示对他的话有兴趣,并用各种肢体语言来回答考官的问题,表明自己的机敏性。同时,还要注意姿势要自然、放松,不要出现用手捂嘴巴、双手抱肩、双手在胸前交叉等姿势,这些姿势既不礼貌,也反映出一个人的紧张感。

(3) 用好眼睛,适时互动

在面试官谈话的过程中,应聚精会神地注视对方,保持与面试官目光的接触,表示对面试官所谈内容有浓厚的兴趣,如果左顾右盼,目光飘移不定,就显得情绪不安;同时,要与面试官形成互动,即将自己的关注传达给面试官,让面试官知道自己在专心致志地听他讲,使面试官对继续讲话保持兴趣。

(4) 察言观色,具有敏感性

在听面试官谈话时,应有足够的敏感性,首先应高度关注关键的字词,善于从面试官的话语间找出他没有表达出来的意思,即理解对方的弦外之音;其次,要注意感受面试官对自己的话是否听进去、是否对自己谈的内容感兴趣;最后,还要细心观察面试官在谈话时的表情及姿势的变化,从而全面准确地把握面试官谈话的含义。

**2. 面试应答的技巧**

面试过程中,面试官总会提出一系列的问题,正确应对和回答面试中的问题,要把握以下几个方面。

(1) 把握重点,简洁明了

一般情况下回答问题要结论在先、议论在后,先把自己的中心意思表达清楚,然后再作叙述和论证。否则,长篇大论,会让人不得要领,而且面试时间有限,多余的话太多反而容易走题。

(2) 讲清原委,避免抽象

面试官提问总是想了解一些你的具体情况,不要简单地仅以"是"或"否"作答。针对所提问题的不同,有的需要解释,有的需要说明程度。过于抽象的回答,往往不会给面试官留下深刻印象。

(3) 确认提问内容,切忌答非所问

面试中,如果对面试官提出的问题一时搞不清楚,以至不知从何答起,或难以理解对方问题的含义时，可将问题重复一遍，并先谈自己对这一问题的理解，请教对方，以确认内容正确与否。对不太明确的问题一定要搞清楚再作答，才不至于南辕北辙、答非所问。

（4）有个人见解，有个人特色

面试官接待应试者若干名，相同的问题可能要问若干遍，类似的回答也要听若干遍，只有具有独到见解和个人特点的回答，才会引起其兴趣和注意。

（5）知之为知之，不知为不知

遇到自己不知不懂不会的问题时，默不作声、牵强附会、不懂装懂的做法均不可取，诚恳坦率地承认自己不足之处，反倒会赢得面试官的信任和好感。

（6）"二八原则"

这就是说，在面试中应试者说的话应该占80%，面试官说的话占20%。在与面试官进行谈话的时候，要适当补充面试官的话。比如面试官说完，可以接着说："我觉得您的想法很好，我基本上同意您的看法，但是有一个小地方，我跟您的观点不一致，那就是……"

## 四、笔试

### （一）笔试类型

和面试相比，笔试是一种相对初级的甄选方式，也是一种常用的考核办法，主要是用以考核应试者特定的知识、专业技术水平或重点考核应试者文字能力及基本素质的一种书面考试形式，它是用人单位对应试者的基本知识、专业知识、文化素养和心理素质等方面进行的综合考查和评估。笔试对应试者来说是相对公平的一种测试方式，也很适合应聘人数较多、需要考核的知识面较广或需要重点考核文字能力的情况，因而大企业、大单位、国家机关等，往往都会采用这种考核形式。

#### 1. 专业考试

这种考试主要是为了检验求职者专业知识水平和相关的实际能力。比如，外贸、外资企业招聘人员要考外语，公检法机关录用干部要考法律常识等。

#### 2. 心理测试

心理测试就是用事先编制好的标准化量表或问卷要求应试者完成，根据完成的数量来判断其心理健康水平或个性差异的方法，一些特殊的用人单位常常以此测试应试者的态度、兴趣、动机、智力、个性等心理素质。

#### 3. 命题写作

这种考试目的在于考查应试者文字表达能力及分析问题和逻辑思维能力，比如限时写出一份会议通知、请示报告或某项工作总结，也可能是面试官提出一个论点，请应试者予以论证或批驳等。

### （二）笔试的准备

了解了一些常见的笔试类型，接下来的问题就是如何来准备应试。笔试从某种角度来说，能更深入检验应试者的综合素质，应试者平时的知识积累程度，对知识是否真正理解和掌握等，通过笔试都能得到较好的体现。用人单位的出题方式远比学校灵活多样，更侧重于考核能力，而不是单纯的知识。因此，在笔试之前，应试者应对其进行深入了解，做到知己知彼。

#### 1. 保持良好状态

要适当减轻思想负担，不可给自己施加过大的压力，否则会产生反效果。

笔试的前一天要注意休息，保证充足的睡眠，避免考试时精神不振，影响正常思维。要适当参加一些文体活动，使高度紧张的大脑得到放松休息，以充沛的精力去参加考试。

#### 2. 了解笔试类型

不同的笔试类型，有不同的考试内容，应试者在考前应进行详细的了解，针对不同情况做好相应的准备。比如，公务员考试就有明确的考试范围，并有指定的参考书，考生复习相对有针对性。而一些用人单位的笔试则相对灵活，范围也比较大，没有指定相关的参考书。应试者可围绕用人单位划定的大致范围翻阅一些有关的图书资料。笔试成绩与应试者平时的努力也有很大的关系，如果应试者兴趣广泛，平时注意吸收各种信息，考试时就能驾轻就熟、得心应手。

#### 3. 笔试的知识准备

（1）学以致用，理论联系实际

现在的应聘考试越来越强调用学过的知识来解决实际问题，具有很强的实用性。换句话说，现在的应聘考试主要是考核应试者对知识的运用能力。因此，在复习过程中必须始终突出一个"用"字，通过各种实践，把学得的知识运用到工作实际中去解决各种具体的问题。

（2）提纲挈领，系统掌握

在知识与能力这两者中，知识无疑是基础，没有扎实的基础知识，能力的培养和提高也无从谈起。掌握知识的一个有效方法就是把零散的知识系统化。但应聘笔试往往范围大、内容广,因此凡是与求职有关的知识,如文史知识、科技知识、经济知识、法律知识和一般的电脑知识,应聘者均要系统复习一遍。

(3) 多读多练,提高阅读能力

提高阅读能力,对扩展知识面和回答应聘考试中的各类问题都很有益处。知识的获得主要依靠传授;能力的提高,则必须通过实践。复习时如果经常做些阅读训练,也有助于阅读能力的提高。在做阅读训练时,一定要做到"眼到"和"心到",特别是"心到",即对每个问题都仔细揣摩,认真思考,分析比较,综合归纳,努力提高自己的阅读能力。

(4) 敏锐思考,提高快速答题能力

为了适应笔试题量大、时间紧的特点,应试者应该努力培养自己快速阅读、快速思维和快速答题的能力。因为现代阅读观念不只着眼于信息的获取,而且还特别重视速度,所以在准备笔试的时候一定要提高答题速度。

(三) 笔试技巧

在充分准备的基础上,还要注意笔试的技巧,以提高答题效率。笔试技巧主要包括以下几方面。

1. 增强信心

信心是成就一切事业的重要保证。笔试怯场,大多是由于缺乏自信心。对自己进行正确评估,就能克服自卑心理,增强自信心。应聘笔试同高考不同,高考是一锤定音,而求职应试者有多次机会,而且是"双向选择",是互相选择,单位在选择你时,你也在选择单位,并不是单位单方面选择你,因此完全可以轻装上阵。

2. 考前准备

参加考试前,最好先熟悉一下考场环境,这对消除考试时的紧张心理有很大帮助。应试者要弄清楚考试的要求和注意事项,尽量按要求事先准备好,带好必要的证件和一些考试必备文具等。考试前要保证睡眠,不要打疲劳战,确保考试时精力旺盛。

3. 科学答卷

具体答卷时要稳步进行,拿到试卷后,先不要忙着做题,首先应通览一遍,了解题目的多少和难易程度,使自己对答题的顺序和重点有一个大概的把握。然后按照先易后难的原则排出各题顺序,先做相对简单的题目和分值较高的题目,最后再攻克难题,这样就不会因攻克难题费时太多,白白丢掉本该拿到的分数。最后留出时间对试卷进行复查，注意不要漏题。卷面字迹要工整、清晰，书写过于潦草、字迹难以辨认也会影响考试成绩。因为应聘笔试不同于其他专业考试，"醉翁之意不在酒"，有时招聘单位并不特别在意应试者考分的稍许高低，认真的态度、细致的作风、新颖的观点也会增加被录取的概率。

# 第七章 大学生的职业心理适应与相关自我调整

近年来,随着我国市场经济的深入发展,大学生的择业观和就业形势发生了显著的变化。一方面,受到社会发展的影响,大学生超前择业的特色越来越明显,往往在进入大学前没多久就开始忙于进行毕业求职准备,比如校外兼职,忙于外语、计算机考证,选修实用型课程等即为例证;另一方面,由于大学生缺乏必要的社会阅历,对于毕业后面临的个人社会化历程,并没有在心理和思想上做好准备。实际上,大学生择业不能仅仅倚重技能、证书,能否理解职业心理,适应并进行相应的自我调整,对其未来职业生涯将产生深刻的影响。

## 第一节 职业心理适应

### 一、职业心理适应的含义

职业心理适应,也叫工作适应,是指人们在工作环境中根据职业的性质和外在需要,对自身的身心系统进行评价,对职业行为进行自我调整,并努力达到自我与经验相互一致的心理过程。它是指人对工作环境和职业行为规范的同化与适应,对工作价值和职业生活意义的评价,还有对自身工作能力、工作状态与工作压力的体验和认识。职业心理适应是个人心理发展水平的综合表现,它能反映出一个人的心理成熟程度。

一般来说,大学毕业生职业心理适应的过程越短,其越能尽快适应职业需要,为个人潜能的发挥与职业理想的实现打下良好的基础。假如职业心理适应的过程较长,就会影响个人职业目标的实现,也不利于个人才能的充分发挥。据调查,大学生毕业后职业适应期一般是 2~3 年。在就业初期,毕业生一般充满希望,开拓进取,但由于工作环境、人际关系、工资待遇等问题不尽如人意,部分毕业生在个人社会角色的转换过程中就出现了躁动和不安。这说明大学生在内心对所从事的职业并不认同,甚至评价很低。经过几年对社会认识的加深,在完成了社会角色转变后,绝大多数的人已基本能适应和认同所从事的职业,这时表现出的心态比较平和与稳定。因此,加强职业能力培养与锻炼,进行职业心理的调适缩短职业适应的过程,是大学生走向社会必不可少的一环。

## 二、职业心理适应的影响因素

### (一)职业期望

大学生经过十几年的读书生涯,对未来的职业抱有较高的期望,希望展现自己的才华,向往大城市和热门行业,害怕到基层和边远地区工作,且希望能获得丰厚的回报,这无可厚非。但关键是要抓准自己的社会地位,切合自己的实际,不加分析一味"跟风",结果将适得其反。

### (二)职业声望

职业声望是一定社会公众及舆论对某项职业做出的评价。由于受传统因素的影响,大学生在就业时更看重职业的性质及其前途,他们往往对于有较高声望的职业表现出积极的态度。

### (三)职业待遇

关注职业待遇这是毕业生务实心态的一种正常反映。许多大学生认为,较高的经济收入不仅是舒适安逸生活的有力保障,也是事业成功的一种标志。随着我国市场化程度的提高,生存的压力与风险不断加大,职业待遇也越来越影响大学生的就业。

### (四)自我价值

大学生比较重视追求自我价值,这是现代社会以人为本价值观在大学生身上的一种体现,只要是不过于极端变成自私自利,无须指责。关键是大学生怎样将自我价值与社会价值结合起来,只有这样才会激发其自信潜能,找到成功的契机。

### (五)人际关系

当今社会各项职业均要求从业者有更强的团队精神和协作意识,假如大学生能更快融入团队中去,保持良好愉快的人际关系,就能够很快地适应职业要求。但若内向消极,与同事关系紧张,则对职业适应是极为不利的。当然,影响大学生职业适应的因素还包括个人的性格、机遇等。

## 三、职业心理适应的意义

大学生都希望有一个理想的职业生涯开端,以便为实现自己的人生目标奠定基础。正确理解职业心理适应对于大学生开始自己的职业生涯有着重要的意义。

### （一）职业心理适应促进自我的重塑

大学生跨入社会，最重要的就是实现角色的转换。在职业岗位上所承担的责任与学生时代是完全不同的。踏上社会，首先要清楚认识到这一点。大学生应根据社会角色的要求，主动调适，重塑自我，更快地适应职业的要求。

### （二）职业心理适应促进事业的成功

大学生只有对自己所从事的职业满意程度高，才能做到正确评价自己，充分挖掘自身的潜能，从而促进事业的成功。这就需要大学生及时调整职业期望值，找准自身的定位，加快职业适应的过程，以便工作上有更大作为。

## 第二节 环境与角色转换

### 一、环境

#### （一）环境的含义

环境是指周围的条件。不同的对象和科学学科，环境的内容也不同。环境可以分为物质环境和精神环境。物质环境又可分为天然环境和人为环境。无论哪一种环境都会对人的生活发生影响。就整个人类而言，在一定范围内，环境是可以选择的。无论是物质环境还是精神环境，都是可以选择的。一经选定之后，这个环境现实就不以人们意志为转移地影响着人的发展。同时，这个环境也在不断受人们的影响和改造。

#### （二）理想与社会环境差距

**1. 理想观念不适应社会发展**

市场经济社会更加强调人的主体意识，要求人们独立自主、锐意进取，因此依赖、消极盲目的观念在当代社会是格格不入的。但由于受传统或社会、家庭等种种因素的影响，相当一部分大学生还存在着"等、靠、要"的思想，缺乏必要的危机意识和紧迫感。从一些大学生在就业时还要父母助阵、盲目涌向大城市及热门行业等现象可以看出，大学生在思想观念上与社会的要求还有一定的差距，需要进行角度转换以适应社会环境。

**2. 心理素质不适应社会发展**

大学生成长的环境较之其父辈已有了很大的改善，他们在物质上较有保障,但缺乏逆境和挫折的锻炼,普遍表现出意志品质不够坚强,遇到困难和挫折容易产生悲观、消极的态度,厌学、自卑、孤僻、消沉的现象在大学生中仍有出现,个别心理素质较差的人甚至会采取极端的做法。而当代社会竞争加剧,需要人们具备较强的心理承受能力,面对逆境和困难要能正确对待,转换角色。

### 3. 知识、能力不适应社会发展

当代世界知识更新换代的时间越来越短。市场经济社会是竞争社会,优胜劣汰、适者生存是其必然法则,因此就要求人才具有开拓、创新、合作的能力。大学生虽然接受了几年的高等教育,因其初涉社会,在知识能力上并不能完全适应社会的要求。动手能力弱、创新意识不足、协作精神欠缺、不善交流等,都是大学生有待改进的地方。

## 二、大学生角色的转换

### (一)角色

角色是人在社会行为系统与一定社会位置相关联的符合社会要求的行为模式,它客观地规定了一个人的活动范围、享有的权利、承担的义务以及行为方式等。

### (二)大学生角色转换中常见心理问题

大学阶段正处于步入社会就业前的准备时期,这个阶段的大学生既要学习,适应大学生这个角色,也要为走上社会的职业角色做准备,还要在已有社会化的基础上,发展自己的个性,作用于社会。大学生职业适应的过程就是角色转换的过程。他们在学生时代只需接受教育,不断完善自我,经济上主要由家庭负担;但在职业角色中,需要其展现才华,履行义务,承担社会责任。两个人生阶段是截然不同的,如果大学生在进入职业生涯后,不能有效把握人生角色的转换,就会出现各种不良的心理表现,从而影响职业适应。

#### 1. 自负心理

在实践中,一部分毕业生往往因为自己拥有较高的文凭或自身条件比较优越,因而会在内心深处生出自负、自傲的心理。在这种心理的支配下,其往往放不下架子,轻视实践,只想干高层次的工作,看不起基层工作和基层工作人员,大事干不来,小事不愿做,以致其在职业生活中处处碰壁。

#### 2. 自卑心理

有些大学生由于性格比较内向或在学生时代缺乏应有的锻炼,来到新的工作环境里，面对生疏的人际关系和崭新的工作，缺乏应有的自信，工作中缩手缩脚，不敢大胆尝试、创新，甚至抱有不求有功，但求无过的消极退缩思想，这样不仅不利于大学生发挥自身的聪明才智，而且会影响其职业生涯的发展。

3. **浮躁心理**

现在就业市场人员流动性很大，这是市场经济合理配置资源的必然要求，反映在大学生职业适应上难免会有一种攀比浮躁的心理。有些毕业生往往拿自己身边同学的就业结果来比较，存在攀比心理。在这种心理的支配下，有些人时刻寻找机会准备跳槽，缺乏应有的敬业精神，不能深入地掌握本职工作的技能。

大学生进入新角色，适应新的生活，首先必须尽快调整自己的心态。一是尽快从成功后的陶醉、拼搏后的懈怠、迁徙后的好奇中解脱出来，使自己及早进入新的"战斗状态"；二是尽快从竞赛优胜者的优越感中解脱出来，把自己重新放在积分为零的起跑线上；三是尽快学会独立面对生活，既善于关心和善待自己，也学会给别人以温暖和快乐，并且进入新角色，要正确面对现实，确立新的目标。目标对人的行为具有定向、激励和维持作用，没有目标就没有方向、没有力量、没有积极性，也就难以步入成功的殿堂。

4. **不平衡心理**

有些大学生就业时，因不能正确看待社会现实或者不能摆正自己的位置，对于单位的分配制度、奖励考核、人际关系等会有各种看法，甚至处处发泄、牢骚满腹，或者唉声叹气、悲观消极，从而产生不平衡心理。甚至导致一些毕业生对社会、对人生产生偏颇的看法，长此以往，不利于其工作的开展和自身的发展。

## 第三节 职业能力培养与锻炼

### 一、大学生就业应具备最基本能力

#### （一）动手能力

动手能力是知识转化为物质力量的重要保证，是大学生所必备的一种实践技能。对大学生而言，无论今后从事何种工作，动手能力的强弱都将直接影响到个人能量的发挥程度。在我国，大学生的动手能力仍然是一个薄弱环节。

那么如何培养动手能力呢？对大学生来说其关键在于多看、多练。主要还是重视实践性教学环节，如实验、毕业实习、社会实践等。另外，个人也可以根据自己的爱好、兴趣和今后准备发展的方向、生活需要，学一些与专业无关的操作技能技巧。

### （二）适应社会能力

适者生存，生存还是为了发展。大学生走出校门之前大都有"海阔凭鱼跃，天高任鸟飞"、在五彩缤纷的社会生活中创造一番业绩的宏伟抱负，但当他们真正在激流中搏击前行时，就发现想象的社会与眼前真正接触的社会相去甚远，干事业不完全取决于肯干，还要受许多别的因素牵制和干扰，发现生活中的消极现象完全超乎他们的想象，有些人可能会由此产生不安或不满情绪，甚至想去改写自己的理想坐标。

实际上，一个人适应社会能力的强弱是与他的思想品德、知识技能、活动能力、创造能力、处理人际关系的能力以及健康状况等密切相连的。一般说来，一个素质比较高、各方面能力比较强、身心健康的大学生走上社会后，能够很快适应环境、适应工作，即使在比较困难的条件下和比较差的环境中，也能变不利因素为有利因素，通过自己的努力取得好的成绩。

### （三）表达能力

表达能力是指运用语言文字阐明自己的观点、意见或抒发思想和感情的能力，包括口头表达能力、文字表达能力、数字表达能力、图示表达能力等几种形式。这里主要强调口头表达能力和文字表达能力。

**1. 口头表达能力**

口头表达能力就是人们通常所说的"口才"。一个人"口才"不佳，有想法却不能很好表达，那对自己是非常不利的。大学生在就业过程中首先需要展示的才能就是"说话"，因为用人单位向其提出的第一个问题，可能就是"为什么要来我们单位应聘，说说你的想法和情况"。培养与锻炼口才要把握几点。

（1）要敢于说话

敢于说话就是敢在公众面前大方地说话，这是练好"口才"的前提。要练好"口才"必须要调整好自己的心理素质，要正确认识自己，树立自信，别人能说，我也能，别人会说，只要我努力锻炼自己也能学会说话，而且能比别人说得好。

（2）要有话可说

有话可说就是说话时要有丰富的材料和内容，这是练好"口才"的基础。

大学生经过老师的悉心教导和自己勤奋努力，普遍都具有丰富的知识，但仅仅掌握知识是不够的，要在搞好专业学习的同时，还要多读书多看报，关心国家大事，掌握更多的信息量，关注大多数人关心的话题，这样与人交谈时有人可谈、有话可说。

（3）要善于谈话

善于谈话就是如何把话说得更简练、更生动、更有水平、使人爱听，让人信服，这是练好"口才"的关键。要锻炼自己的谈话技巧除了学习心理学、辩证法及语法修辞知识等必备的理论知识外，还要学习一些说话、论辩的技巧。论辩的技法一般有例证法、对比法、比喻法、演绎法、归谬法等。

### 2. 文字表达能力

文字表达能力也是各类高级专门人才应具备的基本素质之一，因为高级专门人才不同于一般的工作人员，他们不仅需要过硬的专业知识，而且需要良好的综合素质，文字表达能力更是其综合素质的重要内涵。

因此大学生应该充分意识到提高自己文字表达能力的迫切性和重要性，应该抓住机遇，刻苦学习，勤于练笔，可结合学校开设的写作课程，寻找实习的机会，还要抓紧时间去阅读有关的著作和范文，多做练习，使自己的文字表达能力得到相应的锻炼和提高。

## （四）开拓创新能力

开拓创新能力实质是一种综合能力，它是各种智力因素和能力品质在新的层面融为一体、相互制约、有机结合所形成的一种合力。创新并不是少数人的专利。陶行知说过："处处是创造天地，天天是创造之时，人人是创造之人。"其实，每个人天赋的创造能力并没有很大差距。人们的创造能力之所以表现出很大差异，主要是由于后天所受教育，环境影响和自身有无创新意识，是否主动开发创造潜能等因素造成的。开拓创新能力培养，可从以下几方面着手。

### 1. 培养想象力

想象力并不是文学家、艺术家的专属，它是从事任何职业的人都需要的。对大学生而言，培养自己的想象力也十分重要。爱因斯坦在总结自身经验时指出："想象力概括着世界上的一切，推动着进步，并且是知识化的源泉。"

### 2. 积累知识，增加才干

开拓创新需要胆识，也需要知识和才干。没有知识的积累，缺乏必要的才干，开拓创新就无从谈起。因为一个人只有具备丰富的知识与经验，才能拥有超群的才干,过人的胆识,才能接受新思想,吸纳新知识,抓住新机遇,创造新成果。

**3. 培养发散性思维能力**

发散思维又称创造性思维、求异思维,是沿着不同方向、不同角度、全方位、多层次地寻找解决问题方法的一种思维方式。一般具有反向思维、侧向思维和多向思维三种形式。

### (五)组织管理能力

大学生不可能人人都走上领导岗位从事管理工作,但每个人在将来的工作中都会不同程度用到组织管理能力,这是现代社会对人才提出的新要求。近几年明显出现了这样的现象:大学生中的学生党员和学生干部总是用人单位的首选对象,其重要原因就是他们看重此类大学生的组织管理能力。培养组织管理能力注意以下几方面。

**1. 要珍惜机会**

大学里有很多锻炼机会,大到学生会主席,小到寝室长,另外还有众多的学生社团干部等。任何一个职位都可能使大学生的组织管理能力得到一定程度的锻炼。

**2. 要多向别人学习**

如果我们没有机会组织别人,但肯定有机会接受别人的组织。我们应以积极的态度配合别人,不能漠然处之,被动应付,同时要了解别人的长处,并且可以站在组织者的角度去思考自己该如何组织。有机会时,就积极主动地倡议组织一些活动,如举办一次舞会,或寝室之间组织友谊竞赛活动等。

### (六)人际沟通能力

人际沟通能力是现代企业对大学生提出的新能力要求。随着社会的进步和科学技术的发展,社会要求每个出色的社会成员都必须具备较强的沟通能力,因为作为单个的人已不可能再像过去那样独立去完成具有社会意义的工作,绝大部分事情都需要别人提供支持和帮助。如何让别人了解自己的想法和困难,并乐意提供帮助,同样需要沟通技巧。

**1. 需要自信**

自信但不自傲。当需要和别人沟通时,大学生首先必须要想到在人格上双方是平等的,尽管对方的职位可能比较高,自己可能不被重视,但必须给自己有一个积极健康的定位,那就是"我们彼此是平等的",就像求职,要明白这并不是"求人",要说"求"也是双方的"互求",对方需要人才,而大学生需要一个能够发挥自己专长的职业。充满自信的人必然给企业带来信心,在信息社会,企业需要具有人际沟通能力的人,自信的人与人交流时通常是用"我"开始,使用"我认为,我想,我需要,我愿意"等语句;他们使用建议,从不用劝告、命令和应该;他们关心他人,提出建设性的意见,从不责骂、假设;他们轻松、灵活、开朗,善于接受别人的观点。

**2. 掌握沟通的技巧**

沟通的技巧之一就是要掌握心理学的互惠关系定律。沟通的技巧之二是要做到"换位思考",即指一个人能够以对方的立场来看待处理问题,但这并不意味着自己必须同意对方的观点,事实上,也可能完全不同意,但是能够从对方的视角来理解人,这在一定程度上能帮助我们减少交流中的抵抗和防御心理,有助于我们听取对方想要表达的内容。沟通技巧之三是在矛盾和冲突中寻找共同点,成功的管理者认为,最重要的沟通技巧是解决冲突的技巧,尤其是使冲突双方或团体都满意的处理冲突的能力和共同解决问题的方法。

## 二、能力培养和锻炼的方式与途径

### (一)积累知识

一个知识贫乏的人不可能拥有超群的能力,离开知识积累,能力就会成为"无源之水"。因此,大学生在校期间,一定要注意拓宽自己的知识面,勤奋学习。一个人才能的大小,首先取决于其掌握知识的多寡、深浅和完善程度。才能并不是知识的简单堆积,而是知识的结晶。这里的"结晶",包含着个人对知识的提炼、改造和制作,包含着质的变化。因此,除掌握知识外,大学生还需要有科学的思维方法和熟练的技能技巧。

### (二)勤于实践

能力是在实践过程中培养形成并在实践过程中表现出来的,因此实践是培养能力的重要途径。一个人要想锻炼组织管理能力,就得积极主动地、有意识地在法规和校纪约束的范围内组织一些活动,参加一些社团组织,参与一些社会工作,这些实践活动都会使自己的组织管理能力得到明显的提高。学校当然不同于社会,实践的形式相对单一,但只要积极参与,就会有很多收获。

### (三)发展兴趣

兴趣对培养能力相当重要。古今中外许多著名的科学家、文学家、艺术家,都是在强烈的兴趣驱动下取得事业成功的。兴趣可以使李时珍品尝百草而不怕中毒;达尔文起初因无兴趣于医学、数学、神学,曾变为"慢班"的学生,但对打猎、旅行、搜集标本却兴趣盎然,因此后来成为著名的生物学家。杨振宁博士在总结科学家的成功之路时说:"成功的秘诀是兴趣。"因此,大学生要围绕所学专业发展自己的兴趣爱好,并以这些兴趣为契机,加强相关知识的学习和积累,注意发展自己的优势能力。

### (四)超越自我

作为一名大学生可以注重发展自己的优势能力,但仅有优势能力是不够的,还必须对前面列出的最基本能力都有所拓展,不管其发展程度如何,这是一个人今后生存的需要,也是发展的需要。现代社会是多维竞争的,增加了单一能力持有者的生存难度,同时也增加了企业生存的危机感。近几年用人单位对综合能力强的毕业生表现出偏爱,正说明了这一点。因此,大学生必须注意全面发展自己的各种能力,要有超越自我的信心和勇气。

## 第四节 职业适应心理问题与调适

### 一、职业适应中的心理问题

#### (一)人际交往障碍

不知如何与不同年龄、不同层次、不同社会背景的人相处,是一些大学生人际交往障碍的主要表现。由此而引发的人际矛盾和心理不适,往往给部分大学生带来许多烦恼。有些大学生在学校不愿与人交往,也很少参加集体活动,对外界很少关心,经常把自己封闭在狭小的天地中;还有的奉行"我行我素"的处世原则,过分关注自我,注重自我在人际交往中的地位,过多考虑自己的需要,而忽视他人需要和存在,对别人缺乏关心和谅解,导致其在人际关系中的自命不凡和过于敏感挑剔,因而出现因人际关系失调造成的焦虑不安、心慌意乱、孤单失落、注意力分散甚至社会恐惧等。

#### (二)生活环境不适应

每一个从学校进入社会职业环境的人在很长的一段时间内,面对新的环境、新的职业、新的工作岗位、新的人际关系等因素,在工作技能和心理上都要经历从很不适应到逐渐适应最后完全适应的过程。随着时间的推移,人们对职业从不适应逐渐到完全适应,心理上会表现出由初期烦躁、易怒、冲动而转到满足、平安、稳定、成熟等心理特点。

### （三）理想和目标之间的落差

有些大学生顺利就业后，新的目标和动力尚未找到，反倒显得失落和茫然，面对社会现实不能尽快提出新的职业工作目标，常出现情绪低落，产生"心理失落"。

### （四）自我价值感丧失

大学生走向社会及职业岗位后，往往会发现自己和周围其他的人还有许多方面的差距，在知识、才艺、人际关系、家庭背景乃至身体容貌等方面不如人的地方很多，特别是家庭经济困难或能力平平，难免使人丧失自我价值感。某些大学生就容易产生自我认识和自我价值感方面的困惑。

### （五）学习方法不适应

面对社会大课堂，大学生往往不知从何学起，难免会产生困惑、迷茫和无所适从的感觉。因此，及时解决学什么、怎么学和如何安排学习时间的问题，是大学生尽快适应社会生活的关键。

部分大学生就业后在学习上有一种"船到码头车到站"的放松心理，学习动机的强度产生较大变化，没有正确的学习目标，缺乏较强的学习动力与意志，于是不思进取，得过且过。

以上各种心理问题常使人的能力受到抑制，还会使人养成很多不良的行为习惯，也会使人的生理功能发生障碍，严重妨碍个人身心健康发展。因此，大学生应当尽快调整好自己心态，适应社会发展。

## 二、职业适应心理问题的调适

每个人都希望自己的才能得到发展，都希望生命的航船能冲破自己的内心世界和外部环境的种种风浪险阻，坚定地驶向胜利的彼岸。因此，就要大学生学会调适自己的心理，学会积极地适应现实并发展自己。

### （一）采取积极的行动

采取行动不仅是个人生存所必需的，社会发展所必需的，还是人保持心理健康所必需的。当一个人面对一件事情的时候，可能会觉得它很复杂、很难，对能否完成心中没有把握。然而，如不行动，就不会知道自己有多大能力。当我们积极去做时就会一步一步地取得成功，当最后圆满完成任务时，个人能力就会得到充分发挥，也进而使个体获得了自信。

积极行动还可以帮助大学生摆脱由于环境不适应带来的孤独、苦闷、烦躁、恐惧和空虚。当大学生对环境不熟悉、不满意时，只要积极行动，为集体、为他人做些事情，就会逐渐熟悉了解环境从而逐渐融于新的环境当中。

### （二）尽快熟悉工作环境

人生的烦恼，很多时候来自人不能接受现实、正视现实。当其进入了一个新的环境，总留恋于过去；遭遇了挫折与失败，总沉浸在苦涩的回忆之中。其实，这只是毫无意义的心理反应。无论过去是美好还是痛苦，都已经永远过去。今天，无论愿意不愿意接受，它已实实在在地来到，只能接受，不能逃避。著名心理学家卡耐基说："当我们不再反抗那些不可避免的事实之后，我们就会节省下精力，创造一个更丰富的新生活。"

当接受了现实之后，大学生就可以平心静气地分析环境、分析自己，从新环境中找到适合自己的成长点，就会适应环境和发展自己。

### （三）确立合适的人生目标

大学生没有目标时，会感到迷茫和空虚；当目标过低时，又缺乏一种动力；当目标过高时，又常因达不到理想而失望。目标是我们活动追求的结果，是人生的目的所在，是自觉行动的前提。大学生刚跨入社会从事新的职业，如果不想浪费人生，随波逐流，并且希望自己能够成功地发展，那就必须要为自己确立一个合乎实际的目标。首先，要根据国家、社会发展和单位的要求以及自己人生发展的需要，制定一个远期目标，它是人生要达到的主要理想。同时，还要制定一个为实现目标所设立的近期目标。只要能确定一个合适的目标，就会有行动的方向和动力，就会充满信心与活力。

### （四）建立良好的人际关系

良好人际关系的建立离不开良好的人际沟通，良好的人际沟通是开启人与人之间心灵沟通的钥匙，是化解人们之间误解和冲突的重要途径，是增进人与人之间感情的润滑剂。人与人相处过程中，尊重别人，同样也会得到别人的尊重，这样就会彼此相互尊重。理解和信任他人是建立良好人际关系的基石，只有建立在理解和信任的基础上，人际关系才能纯洁、长久和有活力。人际交往要心理相容，每个人的长处短处各不相同，大学生要本着"求大同存小异"的原则，学习别人的优点，包容别人的缺点，这样就会得到很多的朋友。尽管现在社会竞争激烈，利益冲突增多，但无论什么时候，那些不过分计较别人、多为别人着想的人，总会受到大家的尊重和喜爱。

### （五）学会正确使用心理自我防御

正确运用心理自我防御，可以化解由适应不良引起的心理不适。比如，运用合理宣泄,把个人的忧虑、烦恼和不平向自己的亲人及好朋友倾诉,可以减轻心理压力。恰当的自慰,可以缓解心理冲突。移情能避开不良情绪的人、事和环境,将注意力移到新鲜的事情上。升华会使人奋发图强,创造人生新的价值。

### (六)努力培养自己独立生活的能力

独立生活能力包括生活上的自理能力、独立处理人际关系及生活中各种矛盾的能力。大学生新到一个岗位,关键在于行为习惯的培养,克服自身的依赖性和惰性,按时作息、讲究卫生、遵守单位规章制度,自己的事情自己做。生活的实质就在于自立,世界上大凡有成就的人,不仅能够锻炼自理能力,而且能够强化团队合作精神。

# 第八章 当代大学生心理健康

心理健康对大学生成才有着重要的影响，健康的心理是大学生接受思想政治教育以及学习科学文化知识的前提，是大学期间正常学习、交往、生活、发展的基本保证。当代大学生面临着21世纪的挑战，科技的发展，经济的振兴，乃至整个社会的进步都取决于人才素质的提高和合格人才的培养。心理素质是人在素质系统中的基础，心理健康是良好心理素质的基本要求。为了全面提高大学生的素质，培养合格的跨世纪人才，加强大学生的心理健康教育是非常必要和迫切的。

## 第一节 大学生心理健康概述

### 一、心理健康是一种积极的社会适应

许多学者在论述心理健康的标准时都将社会适应作为十分重要的一条。适应有两种：消极的适应是指个体被动适应环境；而积极的适应则是指个体一边调整自我的需求，一边试图改变环境的条件，改造环境。但不能认为适应病态的、不健康社会中的人的心理是健康的。人不是一个被动的客体，而是一个富有创造性的、具有自主发展能力的主体，人不但要适应环境，还要改造环境。

### 二、心理健康的标准是一种理想尺度

心理健康标准地提出不仅为我们提供了衡量个人心理是否健康的标准，而且为我们指明了提高心理健康的发展方向，即每一个人在自己现有的基础上作不同程度的努力，为追求心理发展的更高点不断发挥自身的潜能。因此，即使是符合心理健康标准的大学生，也要不断增进自身心理健康的水平。

### 三、心理健康状况呈现一种动态的变化过程

随着人的成长，经验的积累，环境的改变，心理健康状况随时都会有所

改变。而且心理健康在不同的历史时期，具有不同的要求。这是因为社会不断向前发展，对人类提出的要求也不会停滞不变，不同社会里人的生活习惯、行动模式也会有所不同。例如，安贫乐道，在封建社会可能是一种理想的保持心理平衡的观念，而在现代社会，就会使人不思进取，使其很容易在竞争的社会中遭到淘汰。

### 四、心理不健康不等同于有不健康的心理和行为表现

心理不健康是指一种持续不良状态。偶尔出现一些不健康的心理和行为并不等于心理不健康，更不等于已患心理疾病。因此，不能仅从一时一事而简单地给自己或他人下心理不健康的结论。

## 第二节 大学生心理咨询与心理治疗

### 一、大学生心理咨询

#### （一）大学生心理咨询指南

**1. 如何确定自己是否需要心理咨询**

心理问题是人们日常生活中经常会遇到的。每个人在成长的不同阶段及生活、工作的不同方面，都有可能会遇到这样或那样的问题。心理咨询主要是针对这些问题，帮助人们更好地认识自我、发挥潜能、适应社会。生活中所有的人都可以接受心理咨询的帮助，就大学生而言，当出现下列情况时，建议接受心理咨询。

当学习、生活、情感压力过大，例如失恋、同学相处不良、朋友失信等，觉得胸闷难受、心区疼痛（但到医院检查又查不出身体问题）、焦虑不安、容易发火、心情忧郁、失眠，此时就可以进行心理咨询。

当对于某些特定的物体和行为，例如与人交往困难、怕猫狗，或者当面对一些社会场景，例如广场、商场，或者没有特定对象场景的情况下，都觉得焦虑不安，甚至呼吸困难，心跳加速时，可以进行心理咨询。

当某些行为，例如洗手、关煤气，表现出10次以上的反复，或者当对于某事物的思维反复顽固地出现而无法摆脱，并且这样的情况已经持续了一段时间，那就需要心理咨询。

遇到亲人丧亡等突发事件之后一个月，如果继续经常被这些事件的记忆干扰生活，甚至经常发生噩梦、哭泣等情况，那就可能是创伤后应激障碍，

也建议参加心理咨询。

**2. 心理咨询能解决的问题**

（1）新生适应的有关心理问题

这些心理问题包括新生生活的特点、要求及对环境的熟悉了解；环境变化带来的心理冲突；对自我的正确认识，重新定位，调整心理承受能力；新的理想目标的确立；学习目的的端正与学习方法的适应；生活能力的培养与大学生活方式的建立等。

（2）学习的有关心理问题

此类心理问题包括各阶段学习的特点，学习内容的特点，学习方法的特点，学习规律的把握；不同时期学生学习的特点及对学生的不同要求；学生常见的认知障碍、注意障碍、记忆障碍、思维障碍、情绪障碍、意志障碍及各种学习指导等。

（3）人际交往的有关心理问题

其包括学生中常见的人际交往心理障碍，如恐惧心理、自卑心理、封闭心理、嫉妒心理、羞怯心理、逆反心理、猜疑心理、敌意和干涉心理等；缺乏交往技能，难以被他人接纳等。

（4）恋爱与性的有关心理问题

其包括恋爱困扰、失恋、多角关系、性心理异常、性心理适应问题等。

（5）情绪性格的有关心理问题

此类问题包括焦虑、恐惧、情绪低落、情绪不稳定、消极情绪体验过多、情感迟钝与淡漠、情感脆弱与易激怒性、心理紧张、过于内向封闭、性格缺陷等。

（6）求职择业的有关心理问题

其包括学生的职业定向与择业心理、学生的就业准备、学生的就业技巧缺乏等。

（7）精神卫生的有关心理问题

其包括各种类型的神经官能症、精神障碍等。

（8）其他心理问题

其主要包括家庭关系不和、经济困难、厌食贪食、危机干预等各类各种心理问题。

**3. 对心理咨询的几种误解**

（1）心理问题不等同于精神病

心理咨询在我国是一门新兴学科，其存在有一种神秘感。来访者通常都是思前想后鼓足了勇气才走进咨询室,在咨询师反复保证下,才肯倾吐愁苦;或是绕了很大圈子,才把真实的情况吐露出来。在许多人眼里,来咨询的人很可能有些方面不正常或有精神病,要不就是有见不得人的隐私或道德品质方面有问题。此外,在中国人的传统观念中,表露出情感上的痛苦是软弱无能的表现,对男性来说尤其如此。以上种种原因,使得很多人宁愿饱受精神上的痛苦折磨,也不愿或不敢前来咨询。其实,心理问题与精神病是两个不同的概念。每个人在成长的不同阶段及生活工作的不同方面,都有可能遇到这样那样的问题,导致消极情绪的产生。对这些问题,如能采取适当的方法予以解决,个体就能顺利健康发展,若不能及时加以正确处理,则会产生持续的不良影响,甚至导致心理障碍。这样看来,心理问题是人们日常生活中经常遇到的,就这些问题进行心理咨询,并不意味着有什么不正常或见不得人的地方,相反这表明个体具有较高的生活目标,希望通过心理咨询,更好进行自我完善,而不是回避和否认问题,浑浑噩噩虚度一生。有相当一部分人对精神病患者存在偏见,其实他们所说的精神病,严格来讲是重度精神病,如精神分裂症、狂躁症等,它与一般的心理问题和轻度心理障碍有很大区别。

(2)心理学不等同于窥见内心

许多来访者不愿或羞于吐露自己的心理活动,认为只要简单说几句,心理咨询师就应该能猜出他心中的想法,要不就表明对方水平不高。其实心理治疗师没有特异功能,并不能窥见他人的内心世界,他们只是应用心理学的理论和方法,对来访者提供的一定信息进行讨论和分析,并提出自己的意见和看法。因此,来访者需详尽地提供有关情况,这才有利于双方共同找到问题的症结。

(3)咨询不等同于无所不能

许多来访者将心理咨询神化,似乎心理咨询师无所不会、无所不能,就像一个"开锁匠",什么样的心结都能一下打开,因此常常来诊一两次,没有达到所希求的豁然开朗的心境,就大失所望,再也不来了。实际上,心理咨询是一个连续的、艰难的改变过程,心理问题常与来访者的个性及生活经历有关,就像一座冰山,尘封已久,没有强烈寻求改变的动机,没有恒久的决心与之抗衡,是难以冰消雪融的,因此来访者要有打"持久战"的心理准备。

(4)心理医生不等同于"救世主"

一些来访者把心理医生当作"救世主",将自己的所有心理包袱丢给医生,以为医生应该有能力把它们一一解开,而自己无须思考、无须努力、无须承担责任。多年来传统的生物医学模式就是病人看病,诊断、开药、治疗一切由医生说了算,要求病人绝对服从、配合,因此来访者自然而然地把这种旧的医学模式带进心理咨询领域。

然而，心理咨询与心理治疗是新的生物—心理社会医学模式的产物，心理医生只能起到分析、引导启发、支持、促进来访者的改变，促进其人格成长的作用，其无权把自己的价值观和愿望强加给来访者，更不能替来访者去改变或决定什么。来访者需认识到，"救世主"只有一个，那就是自己。只有改变自己、战胜自我，最终才能超越自我，达到理想目标。倘若把自己完全交给医生，消极被动，推卸责任，恐怕难有好的效果。

（5）心理咨询不等同于思想工作

来访者可能还有另一种极端的认识，即心理咨询没多大用处，无非是讲些道理，因而忽视或未意识到心理问题是需要治疗的。

心理咨询作为一门学科，有着严谨的理论基础和诊断程序，它与思想工作是有本质区别的。思想工作的目的是说服对方服从和遵循社会规范、道德标准及集体意志，而心理咨询则是运用专门的理论和技巧，寻找心理障碍的症结，予以诊断治疗，心理医生应持客观、中立的态度，而不是对来访者进行批评教育。

### （二）大学生心理咨询的步骤

#### 1. 建立初步的信任关系

在咨询的开始，咨询员应热情接待，简单介绍心理咨询的性质和原则，特别是保密原则，以消除来访者的紧张情绪和顾虑，从而初步建立来访者对于咨询的信任，创造出适合来访者谈出自己的问题的良好会谈气氛。

#### 2. 收集信息

咨询员引导来访者讲清自己来求助的原因及问题，主要是通过来访者的自述。收集的信息包括来访者的情况如性别、年龄（或年级）、系别、籍贯等；来访者存在的心理问题情况，如什么问题、严重程度、持续时间、产生原因、采取过什么措施，必要时还可深入了解其家庭和其过去的经历等。咨询员在这一阶段还要对来访者的谈话态度、眼神、手势等进行观察，从中获取更多信息。

#### 3. 分析诊断

在收集信息的同时，咨询员要不断对来访者的问题进行分析。在分析诊断中必须弄清楚的问题是来访者的问题是属何种类型的，如学习方面、人际交往方面、情感方面、适应方面等；问题的程度如何，如是正常人的矛盾和困惑、心理不适，还是有心理障碍；问题产生的原因是什么等。咨询员主要依靠第二阶段获得的信息来进行分析诊断，有时也可借助于心理测验作为诊断的辅助手段。在分析诊断的基础之上，咨询员就可确定哪些问题是可以通过下一步的帮助指导逐步解决的，哪些要借助其他力量进行直接干预以免发生不测。

#### 4. 帮助指导

心理咨询是咨询员帮助来访者解决其面临心理问题的过程，因此咨询员要与来访者一起探讨有关的信息，将自己对信息的理解和分析不断反馈给来访者，以保证信息的准确。然后在分析诊断的基础上双方共同制定咨询目标，商讨解决问题的对策。在这个阶段，咨询员的责任是在对来访者的心情和处境充分理解基础上，帮助他们分析其心理问题的性质和根源，从各方面启发他们新的思路，提供指导意见，至于最后解决问题主要靠来访者自己，咨询员决不应包办代替或硬性规定来访者应该怎样做。

#### 5. 结束阶段

结束阶段的工作也很重要。前四个步骤完成后，咨询就进入尾声，这时来访者很可能谈谈自己现在的感受、收获、领悟和下一步的行动计划，咨询员应对其给予鼓励和支持，并可对咨询要点适当回顾。对于有些要进行下一次咨询的来访者，要约定时间和布置一定的任务；对于一次性咨询的要欢迎他们有问题时再来。为了提高心理咨询水平，在可能的情况下，咨询员可追踪研究一些结束咨询的来访者，以便总结经验教训，改进工作。

总之，心理咨询是一个过程，以上步骤并不是机械分开的而是相互关联的一个完整统一体。

### （三）大学生心理咨询常用理论与方法

心理咨询已有近百年的历史，其间各种理论流派层出不穷，各有特色。每种理论都有其理论基础和操作方法。

#### 1. 认知理论与方法

（1）理论要点

在认知理论中，与心理咨询和心理治疗关系密切的是美国临床心理学家艾里斯于 20 世纪 50 年代创立的合理情绪治疗理论与贝克的情绪障碍认知理论，其具体理论如下：

①人既是理性的，又是不理性的。人在情绪上或心理上的困扰大多是由于不合理、不合逻辑的思维与信念造成的。当人们长期坚持用内部言语重复某些不合理的信念，则最终会导致不良的情绪反应与心理失常。相反，当人

们接受更加理性与合理的信念时,则其焦虑与其他种种不良情绪反应会逐步得到缓解,最终恢复自信心。

②人的不合理信念的特征是绝对化要求,即从自己意愿出发对人对事坚持认为其必须或应该具有怎样的信念;过分概括,即是一种以偏概全、以一概十的不合理思维方式的表现;糟糕至极,即对一些挫折与困难反应过分强烈并产生严重的不良情绪体验。

③ ABC 理论,即认为情绪不是由某一诱发性事件本身所引起的,而是由经历了这一事件的个体对这一事件的解释和评价所引起的。A 是指诱发事件,B 是指个人对这一事件的看法、解释和评价,C 是指在特定情景下,个体的情绪与行为的结果。三者关系中,A 是 C 的间接原因,B 才是 C 的直接原因。

④心理咨询的目的在于帮助来访者认清其思想、行为中的不合理信念,建立合理的信念。咨询员在心理咨询过程中应采取主动积极的态度,对来访者的非理性信念给予辨析、澄清、教诲与指导。

(2) 常用的咨询治疗方法

①合理情绪疗法。合理情绪疗法即通过改变来访者的认知帮助来访者以合理的思维方式代替不合理的思维方式,以合理的信念代替不合理的信念,从而帮助他们减少或消除已有的情绪障碍。咨询治疗包括四个步骤:一是帮助来访者寻找和认清自己存在的不合理信念;二是指出其目前的情绪困扰是由于自身所存在的不合理信念造成的;三是帮助来访者改变不合理观念,调整认知结构,这是最重要的一环,主要方法有与不合理信念辩论,展开合理的情绪想象;四是帮助来访者学习合理的信念并使之内化为自己的观念。这四个步骤一旦完成,来访者的不合理偏见及由此而引起的情绪困扰等障碍就会消除,并将建立较为合理的思维方式及信念。

②认知转变法。因不良的认知常容易导致情绪障碍和非适应性行为,所以在咨询过程中,咨询员要给来访者提供愉快和成功的反馈,通过劝导、说服、价值澄清等方法改变来访者的态度和认知,从而消除症状,如对于一个有抑郁倾向的来访者,其可能会认为自己毫无价值,对生活丧失信心。因此,咨询员要改变这种认识,告知其优点所在,让其扭转观念,使其逐步产生愉快的、接受自己的情绪体验。这样其抑郁情绪才会被积极乐观的情绪所代替。

**2. 精神分析理论与方法**

(1) 理论要点

精神分析或心理分析理论,是奥地利著名的精神病学家弗洛伊德创立的。

它的创立是心理咨询理论的首创，对心理咨询及其理论的发展产生了巨大而深远的影响。该理论关于心理咨询和心理治疗的理论要点如下。

①潜意识和压抑理论。弗洛伊德把人的心理结构划分为三个层次：潜意识（无意识）、前意识和意识，他认为心理疾病患者的异常行为表现及患者所意识到的内心体验仅仅是种表面现象，其真正原因是患者潜意识中的矛盾冲突、被压抑的情感。

②人格理论。与潜意识理论相联系，弗洛伊德把人格分为本我、自我和超我三个部分。本我是与生俱来的本能冲动；自我代表着现实，它既有无意识的一部分，又有意识的部分；超我则代表社会道德准则，其主要作用是监督和控制自我。弗洛伊德认为人的一切心理活动都可以在这种人格动力学的关系中得到阐明，在一个健康的人格之中这三种结构的作用必然是均衡、协调的。如果这三种力量不能保持这种动态的平衡则会导致人心理失常。

③早期经验理论和梦的理论。弗洛伊德认为幼年精神体验和痛苦体验被压抑在潜意识中，到青年或成年后在精神上反映出来，表现为神经症或精神疾患。弗洛伊德对梦很有研究，他于1900年出版了《梦的解析》一书，认为梦境是潜意识中本能冲动在睡梦中的表现，梦境可分为显梦和隐梦两个层次。显梦是可以回忆的梦的表面情节；隐梦要通过显梦表现本能欲望，因此可通过显梦来分析隐梦，了解潜意识中的本能欲望。

（2）常用的分析治疗方法

精神分析理论认为，压抑在潜意识中的矛盾和冲突通过分析治疗，使其出现在意识层面，让来访者领悟，那么其病症也会随之消除。弗洛伊德的心理分析理论及治疗方法被称为经典的心理分析理论和方法，是一种疗程短、疗效高的心理分析疗法。在大学生心理咨询与治疗中常用的分析治疗方法主要有以下几种。

①疏泄疗法。疏泄疗法是指让来访者倾诉积郁心中的苦闷和内心矛盾，释放心头的重负，从而使其恢复心理平衡，防止身体或精神发病。它是心理咨询门诊中一种常用的基本咨询与治疗相结合的方法。

②领悟疗法。领悟疗法就是通过分析来访者潜意识中的矛盾和冲突，让其领悟到自身心理病因与症结，进而对症下药，消除病根。领悟的本质是来访者对咨询员解释的信任。

### 3. 人本主义理论与方法

（1）理论要点

人本主义理论最初称为来访者中心理论，因此治疗也称为来访者中心心理治疗。本方法的倡导者是卡尔·罗杰斯，他于 1951 年发表了《来访者中心治疗》一文，为来访者中心治疗奠定了理论基础，其理论要点如下。

①强调人具有主观能动性，基本是诚实可信的，并具有自我向善的潜质，而且都有能力去发现自己心理上的缺陷与适应不良，通过不断调整获得心理平衡与健康。因此，心理咨询的目的在于帮助来访者自省自悟，充分发挥其潜质，使其不断成长与发展，最终达到自我完善与自我实现。

②认为有两个自我，即现实自我与理想自我。前者是个人在现实生活中所获得的自我概念，后者是个人认为"应当是"或"必须是"，理想化了的自我概念。两者一致则达到心理健康，两者发生冲突或个人需要得不到满足就会造成心理失调，严重者会导致心理疾病。

③强调创造一种良好的咨询关系，即平等、真诚、尊重、理解，咨询过程中以来访者居主动、决策地位，咨询员处于随从、被动地位，采用非指导性咨询技巧，培养来访者独立性，开发其潜能。

（2）常用的咨询治疗方法

①来访者中心疗法。来访者中心疗法是指在咨询与治疗过程中，来访者在咨询员创造的良好气氛（即真诚、关怀、理解）下，将积郁心中的隐秘畅快地吐露出来，从而消除内心的矛盾冲突，实现人格上的积极变化与成长，以提高自身的自我形象与心理适应能力。

②交朋友小组。交朋友小组是由罗杰斯提倡的集体心理咨询的一种形式。它由背景或问题相似的来访者组成，通过集体活动来帮助他们改变其适应不良行为或人际交往障碍等心理问题。交朋友小组一般由 1~2 名组织能力较强、性格开朗、知识经验丰富的心理咨询员主持。小组活动有诉说、倾听、讨论、游戏等类型，通过这些活动，可以达到缓解矛盾冲突，学习人际交往方法的目的。

**4. 行为主义理论和方法**

（1）理论要点

行为主义理论包括巴甫洛夫、华生提出的经典条件反射理论和桑代克、斯金纳等人提出的操作条件反射理论及班杜拉等人提出的模仿学习理论等。与心理咨询关系密切的理论要点主要有以下几点。

①人的所有行为（包括正常、健康的行为及异常的行为）都是通过学习而获得的，强化（包括正强化即奖励、鼓励等；负强化即批评、惩罚等）对于其行为的巩固与消退起着决定的作用。

②心理咨询的目的在于通过强化来使当事人模仿或消除某一特定异常行

为，以建立新的正常的行为方式，其试图通过提供特定的学习环境来促使来访者改善自我，摒弃不良行为，习得新的行为。

（2）常用的行为咨询治疗方法

①系统脱敏法。系统脱敏法是最早的行为疗法之一，由著名的精神病学家沃尔帕创立并应用，主要用于解决来访者在某一特定的情境下产生的超出一般紧张的焦虑或恐怖状态。系统脱敏法有三个步骤：一是训练来访者松弛肌肉；二是建立焦虑层次；三是让来访者在肌肉放松情况下，从最低层次开始想象产生焦虑的情境，直到来访者能从想象情境转移到现实情境，并能在原引起恐惧的情境中保持放松状态，使焦虑情绪不再出现为止。

②厌恶疗法。厌恶疗法又称处罚消除法，是应用处罚的方法来消除来访者的不良心理行为。在心理咨询门诊中一般用想象厌恶疗法，如对强迫自己洗手的来访者让其想象自己的手被洗得脱皮的可怕情景，渐渐让其消除不断洗手的习惯。

③放松疗法。大学生常因学习负担过重或适应不良或受到一些意外刺激而导致心理紧张，长期的心理紧张则很容易导致严重的身心疾病。因此，要学会放松自己的情绪。放松疗法就是通过全身肌肉的放松，来缓解紧张情绪，从而保证身体的健康。常用的放松方法是肌肉松弛法、深呼吸练习操、音乐放松法、凝神法、意念集中法等。

行为治疗的方法还有很多，如角色扮演法、模仿法、条件操作法、决断训练、生物反馈疗法等。在进行行为疗法时，要明确来访者问题的实质，设计确实可行的程序和进度去改变其行为。

## 二、大学生心理治疗

### （一）大学生常见的心理疾病

现实生活往往不如想象的那样美好，常常会发生这样或那样一些令人不愉快的事情特别是在大学生活和学习或工作中的挫折、与他人发生的纠纷、生活中的不幸等，都会在大学生心理上带来一些不良反应，或造成一定的心理障碍，甚至引起心理疾病，其症状的轻重则因人而异。

#### 1. 抑郁症

抑郁症又叫忧郁症，是最常见的一类情绪障碍，约占整个人群的4%。该症主要是对痛苦经历的抑郁反应，但抑郁的程度常与其痛苦经历不相称。其通常表现为情绪低落，焦虑不安，凄凉悲哀，暗自伤心落泪，对任何事都不感兴趣，不愿与人交往，感到处处不如意，总觉得有什么不幸的事情要发生，甚至悲观厌世,觉得活着没有希望,想以死来寻求解脱。此外,此类患者常有身体不适感,如食欲减退、失眠等。

抑郁症可以由多种原因引起,主要是心理因素。绝大多数患者都是由一定的负性生活事件所引起,如亲人的死亡、与亲友分离、较大或慢性伤病、工作学习的挫折及经济问题等。但这些负性生活事件之所以会导致本症的发生,与下列一些基本因素有关。

①患者病前多情绪不稳、性格不开朗、思虑过多、依赖心重等。这些性格特点在他们对负性生活事件的反应强度和性质上起着决定作用。

②由于生活中遭受的挫折或损伤所引起的心境突然改变,破坏了其情感生活的平衡。

③突如其来的打击使自尊心受到严重伤害,动摇了其原有的自信心和价值观。

对抑郁症的治疗主要是心理治疗和药物疗法,尤其是症状明显期可合并应用这两种疗法。心理治疗主要是认知和支持疗法,帮助病人认识或找出致病的心理因素。这些因素有时比较明显,易于发现,有时则比较隐晦,不易察觉,咨询员需要帮助患者仔细回顾与分析方能发现。总之,心理治疗是一项细致而费时的工作,医生和病人都应有耐心、有信心。

**2. 焦虑症**

焦虑是一种情绪反应,是个体在面临负面刺激或预感到会出现挫折情境时所产生的一种复杂的消极或不愉快的情绪状态。轻度焦虑在正常人的生活、学习和工作中经常会发生,这是正常的情绪反应,不要将其看成是焦虑症。从某种意义上说,这还是一种有益的保护性反应,因为适度的焦虑对学习和工作会起到一定的促进作用,还会使人设法去应付不良的处境,渡过难关。而真正的焦虑症却不同,它使一个人在毫无缘由或在一些无关紧要的情况下,反而呈现出严重的焦虑不安、胆战心惊等症状,而这些症状并非由实际威胁所引起,其紧张及焦虑的程度与现实情况很不相称。

(1) 引起焦虑症的主要原因

①遗传因素。据研究,单卵双生子的同病率为35%,高于全部其他的神经症。

②心理因素。心理素质在焦虑的发展中也有着重要的作用。焦虑症患者大都谨小慎微、胆小怕事、情绪不稳,对轻微的心理挫折或身体不适极易发生焦虑和紧张。

③精神压力因素。当人们长期面临威胁,处于不利环境之中,或遭遇

重大的生活事件（如亲人死亡等），就更容易发生焦虑症。值得注意的是，儿童时期的创伤性体验常会由于现实生活中某些事件的唤起作用而诱发焦虑症。

（2）焦虑症的主要表现

①急性形式（或称惊恐发作）。此类患者常出现大祸临头或死亡来临之感，使他们恐惧不安、尖叫或逃离，同时伴有心慌、心悸、气急等，发作时间通常可持续数分钟。

②慢性形式（或称普遍性焦虑）。此类患者比前者更为常见，主要表现为精神不安、心情紧张和易怒，并且会感到心惊肉跳、头痛、背痛、全身颤抖等，患者常因不明原因的惊恐感而意志消沉、忧虑不安，夜间入睡困难。

（3）焦虑症的防治方法

①轻度焦虑的自我调节方法。树立信心，要相信自己的能力和力量；适当运动，根据个人的兴趣和爱好，在感到焦虑紧张的时候做一些简便易行的运动，可消除疲劳，减轻压力；保持良好充足的睡眠；适当做一些放松活动，如反复用腹式呼吸做几遍深呼吸等；调整自己的目标或期望值，放弃那些不切实际的想法。

②心理治疗。当个体全身松弛时，生理警戒水平也全面降低，心率、呼吸、脉搏、血压、肌电、皮电等生理指标可能出现与焦虑状态逆向的变化。此外，焦虑症患者病前常经历较多的生活事件，病后又常出现所谓的"期待性焦虑"，总担心结果不妙，在过分警觉的状态下又会对周围环境和人物产生错误感知评价，因而有草木皆兵或大祸临头之感，此时，可用认知疗法帮助患者认识理解，进而解决这些问题。

③药物治疗。常用的药品主要有抗焦虑类药、镇静药及抗抑郁药等，也可配佐用药，有一定疗效。

④预防。学习一些基本的心理卫生知识，掌握一些心理自我调节、自我控制及放松的技术，遇事期望值不宜太高。

**3. 恐怖症**

恐怖症患者的特点多为羞怯、胆小、内向、依赖性强，遇事易出现焦虑和强迫倾向，多数成人的恐怖感觉来源于儿童期曾有过的体验。明显的精神刺激可诱发恐怖症的产生。常见的恐怖症类型主要有以下几种。

（1）社交恐怖症

社交恐怖症主要表现为在社交场所出现恐怖。患者在大庭广众下害怕被人注视，害怕会当众出丑。在社交场合下，患者不敢看人，不敢讲话，不敢写字，甚至不敢出现在有人的场合,严重者可出现面红耳赤、出汗、心慌、震颤、眩晕、呕吐等症状。患者因恐怖而回避朋友及同学,不愿出门,不愿上学,几乎与社会隔绝,失去学习和工作的能力。若患者害怕与他人对视,则称为对视恐怖;若害怕与人相处时会脸红或坚信自己有脸红的现象,则称为赤面恐怖。

（2）场所恐怖症

场所恐怖症主要表现为对公共场所产生恐怖,因而害怕到各种公共场所中去。当患者看到周围都是人时,便会产生强烈的恐怖感,担心自己无法自控或晕倒,或出现濒死感,焦虑不安。有些患者对高空或黑暗产生恐怖,不敢在高处停留,甚至不敢在高楼上居住,或不敢独自一人处于黑暗中。

（3）物体恐怖症

物体恐怖症主要表现为对某些特定的物体产生恐怖。比如,对动物的恐怖,害怕猫、老鼠、狗、蛇、鸟类及昆虫等;有些患者表现为对尖锐物体的恐怖,不敢接触尖锐物体,害怕自己或他人会受到这些物体的伤害等。

恐怖症的防治方法:一般可先用药减轻患者的焦虑或恐怖,然后采用包括行为疗法在内的心理治疗,以消除患者的恐怖回避行为。心理治疗的方法主要是鼓励患者要面对现实,树立战胜疾病的信心,坚持进行治疗。目前,对恐怖症的最主要的心理治疗方法是行为治疗,其中又以暴露疗法为主。也可根据患者的病情使用系统脱敏或松弛法,针对患者的具体情况,进行心理分析或认知疗法也是可以的。

**4. 神经衰弱**

神经衰弱在大学生中是一种常见的心理障碍,除了少数人因此不能坚持学习而退学外,还有相当多的人虽能坚持正常学习,但其学习效率和成绩也会受到不同程度的影响。据调查,神经衰弱在大学生中的发生率约为85%,男女生之间无差异。

（1）神经衰弱发生的原因

一般来说,大脑皮层的神经细胞具有较高的耐受性,在紧张的工作和学习产生疲劳之后,经过适当的休息和放松便可得到恢复。人每天的活动都依赖于能量,当能量因消耗下降到一定水平时,就会感到疲劳。在疲劳的情况下,精神、身体方面的效率降低,主动性下降。疲劳本身不是什么问题,在一天的劳累之后,产生疲劳是正常现象,而休息又可以消除疲劳,精力旺盛的人通过正常的睡眠,能量可以很快恢复。但神经衰弱患者由于精神长期紧张,再加上有睡眠障碍,其能量得不到恢复,疲劳也不能消除,精神和身体的活动都受到影响,便表现出神经衰弱的一些症状。过去认为工作劳累是神经衰弱的主要原因，但近来的研究表明，单纯的劳累本身并不会引起神经衰弱，而任何原因引起的精神活动过度紧张，如不良的情绪反应等，则常是神经衰弱的主要致病原因。可以说，神经衰弱是由持续存在的精神因素所引起的焦虑紧张的心理反应，健康人同样条件下也会产生这种反应，但大多是暂时的，当情况改善后，反应就会消失。

通常，神经衰弱的一些常见致病因素主要有以下几点。

①遭遇某些负性生活事件。如亲人死亡，与家人、同学或导师及上级领导关系紧张，学业上的失败。由这些负性生活事件所引起的忧虑、愤怒、怨恨、委屈及悲伤等情绪体验可导致大脑皮层的神经活动失调，进而发生神经衰弱。

②生活及学习安排不当、杂乱无章，对所计划或规定完成的学习任务难以完成时所产生的慌乱和紧迫感，还有对学习、生活环境突然改变的不适应，也可使大脑神经活动的过度紧张而产生神经衰弱。

③学习及脑力劳动时间过长，缺乏良好的休息和睡眠，同时伴有思想负担或压力，或者对学习或工作不满，但又非要完成不可，由此所产生的抵触情绪也往往易于导致神经衰弱的发生。

④身体患有某些急慢性疾病、长期失眠及其他可能削弱机体功能的各种生理因素均会助长神经衰弱的发生。

总体上来看，神经衰弱除少数是由于某种过强的精神刺激引起外，大多是上述多种原因共同作用所致。

（2）神经衰弱的判断

神经衰弱的症状复杂，表现也多种多样，但其主要表现有如下几点。

①易于疲劳和衰弱。②情绪改变。③兴奋与易怒。④紧张性疼痛。⑤睡眠障碍。一个人必须至少同时具有上述症状或表现中的三项，才考虑患神经衰弱的可能。

（3）神经衰弱的防治

对神经衰弱的防治措施主要有如下几点。

①合理安排学习、生活与娱乐，培养良好的生活习惯和规律。要注意劳逸结合，在紧张的学习间隙应有短暂的休息和放松，尤其是要学会积极性休息，如做课间操及进行一些球类活动等。

②心理治疗。心理治疗在神经衰弱患者的康复中起着重要的作用。其基本原理是帮助病人充分认识该病的发生原因及变化规律，消除病人的思想顾虑，端正其对疾病的不正确认识和错误态度，使其树立战胜疾病的信心，并积极主动配合医生进行治疗。神经衰弱患者的心理治疗一般分为集体心理治疗和个别心理治疗两种，集体心理治疗主要是采取集中多个病人举办讲座

及分小组讨论座谈等方式进行；个别心理治疗是由心理医生与某个病人单独在一起分析发病原因和症状特点，认识此病的本质，消除其心理上的疑虑和担忧。

③药物治疗。该方法主要在病情较重及必要时使用，常用的有抗焦虑药物有镇静剂、催眠剂及中药等。

④其他疗法。主要有体力活动疗法。体力活动能增强体质，而有趣的体育活动可使人精神轻松愉快，并能提高大脑皮层的张力，但在开始时要注意活动量不宜过大、过多，要逐渐增强，并要坚持每天有规律地进行。针刺及其他物疗法，如针灸、电针、耳针及电兴奋等，都有一定疗效。

**5. 神经性厌食症**

有些女生由于担心自己变胖，失去苗条的身材，便设法控制自己的饮食，自行减肥，有的虽然体重是在正常范围，甚至低于正常，但由于她们对自己的体态有一种曲解的幻象，仍会继续限制饮食，像这样对自身的体重控制走到了极端，就算作是一种病态，即"神经性厌食症"或称为"饥饿病"。

该病早在 1967 年由格尔提出，曾被称为神经痨病。患者绝大多数为年轻女性，近年来，此症发生率有增高的趋势。患者在发病前常会将某个苗条的女性身材作为一种效仿的样板，其本人则自以为肥胖或发胖，通过节食控制体重，即使体重已严重减轻，仍然感到自己是肥胖的，在体重已下降了 1/3 或 1/4 之后仍拒绝进食。患者偶尔也会大吃一顿，尔后又马上诱导自己将吃下去的食物呕吐出来，甚至服用缓泻剂或利尿剂，以加速食物的排出。该病偶尔继发于严重精神病。神经性厌食症严重时可导致死亡。据有关统计，该病患者约有 15%～21% 严重营养不良饥饿而死。许多患者不承认自己有病，并拒绝接受治疗。1972 年，费纳尔和鲁塞尔等学者先后为该病提出如下六条诊断标准。

① 25 岁以前发病；②有追求体型美的欲望；③消瘦明显，体重较原来减轻 25% 以上，或体重减轻在标准体重的 30% 以下；④对食物和体重的态度异常；⑤闭经 3 个月以上；⑥无其他内科和精神疾病。

一般来说，如有 3 条或 3 条以上症状，便可怀疑其患有该症。神经性厌食症的治疗常会遇到阻力，但当患者一旦意识到她们的情况严重需要救治时，常常较容易得到恢复。因此，心理治疗是非常重要的，如采用认知及顿悟心理疗法，帮助其认清问题的起因和根源，消除不利的心理因素，了解问题的严重性，改变其不正确的认识和看法。专家们认为，在心理治疗的同时辅以药物治疗是非常重要和迫切的，如补充营养、改善营养不良状况。使用抗抑郁药也有一定疗效。

6. 心理急症——自杀

（1）大学生自杀的常见原因

大学生是正处于人生重要转换期的一个特殊人群，他们虽然在躯体发育上已是成人但其心理的发展尚未完善，对各种生活事件的应变能力及对环境的适应性较差，其所处的特殊环境也常会给他们带来比其他人群更多的心理冲突和精神压力，如果他们不能很好地应对各种心理问题和适应特殊的环境，便很可能会将矛盾和冲突转向自身，以自杀作为自我解脱，结束心理痛苦的一种方式。

据研究，青少年的自杀与抑郁有较强的相关性，其他一些较常见的自杀者的心理及其特征是敌意、与社会隔离、社会交往少、缺乏决断力、行为冲动、焦虑、失眠、忧伤、丧失感及无助感等。此外，企图自杀者有较为普遍的行为问题，如吸毒、药物成瘾及酗酒。

（2）企图自杀的危险信号及早期识别

自杀常常不是一时的冲动，而是一个人为逃避现实中难以忍受的生活挫折所作出的一种极端选择。即使是易于冲动而且会很快将自杀念头付诸行动的人，也会在尝试自杀前出现一些反常现象。因此，当遇到下列情况时，应高度警惕其自杀的危险可能。

①情绪的改变。忧郁、失望、极端动荡不安等。

②行为的变化。饮食、睡眠出现反常现象，个人卫生习惯变坏。

③学习兴趣下降。

④丢弃或毁坏个人平素十分喜爱的物品。

⑤经历亲友死亡等重大负性生活事件。

⑥自杀意图的表露。如谈论自己的死或与死有关的问题，或写下遗嘱一类的东西。

（3）如何挽救自杀者

如果发现某人出现上述的一些企图自杀的危险信号，或者其明确表示有相关倾向，甚至直接说想要自杀，在这种情况下，决不可等闲视之，而应及时采取果断有效的措施，以防止事态进一步恶化。

①尽快与心理卫生工作者或医院的急诊医生取得联系，以求得他们的帮助。

②不要让其独处，与其保持连续接触。

③对他们要表现出非常关心及深切同情，不要说一些可能会伤害他们的话。

④设法提出一些良好的建议,但勿谈及自杀问题。
⑤设法将他们手中持有的自杀用的器具除去。
⑥当不得不暂时离开他们时,别忘记与其约定好下一次会面的具体时间及地点。

总之,要慎重地对待每个自杀者,要意识到自杀的征兆实际是他们的寻求帮助的信号,如果能及时为他们提供必要的救助,则许多自杀的事件是能够防止的。

### (二)大学生心理疾病的治疗方法

心理治疗是指心理医生运用心理学的理论和技术,在良好医患关系的基础上,通过语言和非语言手段来改变患者的不正确认知活动、情绪障碍和异常行为等。心理治疗不同于一般的劝说和安慰,其是由经过专门训练的心理医师或心理辅导工作者进行的,治疗过程通常有相应的理论作指导,通过心理治疗帮助患者弄清自己产生心理障碍的原因,发现问题,找出解决的办法和改进措施。自古以来,人们就已经自觉或不自觉地利用心理效应来治疗各种疾病,近代心理疾病的治疗方法共计有上百种之多。总之,心理治疗就是利用人类能在心理上相互影响的特点,通过医患间建立起良好的合作关系,在某种特殊理论的指导下,应用一定的技术和方法来解决求助者的心理问题或治疗某些心理及与心理有关的疾病。这里仅介绍几种国内外常用的心理疗法。

#### 1. 行为疗法

行为疗法是建立在行为学习理论基础上的一种心理疗法。行为主义心理学家沃森的行为主义理论为行为疗法奠定了基础,但其主要理论还应包括巴甫洛夫的经典反射、桑代克和斯金纳的操作性条件反射以及班杜拉的社会学习理论等。行为治疗学家认为,异常行为与正常行为一样,都是通过学习获得的。因此,可以通过相反或潜在的学习使异常行为消除,由此异常行为造成的心身疾病便可得到治疗。行为治疗可以凭借治疗者的指导和示范进行躯体训练,也可以借助仪器(如生物反馈仪)或药物进行行为矫正。

#### 2. 认知疗法

认知疗法是根据认知过程影响情绪和行为的理论假设,通过认知和行为技术来改变病人的不良认知,从而矫正适应不良的一类心理疗法。其治疗目标不是适应不良的行为,而是适应不良的思想及认知。该治疗方法主要通过挖掘和发现病人思想深处的异常或被曲解的思维方式,并加以分析、批判,代之以合理、现实的思维方式，从而使之更好地适应环境。合理情绪疗法也可看作是认知疗法的一种。

### 3. 森田疗法

森田疗法是在1918年由日本慈惠医大精神神经科教授森田正马博士创立的，由他的弟子高良武久博士继承发展至今。森田疗法的适应病症是神经症，治疗方法是让病人了解神经症的本质，在纠正病态的、异常的错误认识的同时，让其把逃避生活的态度改为建设性的、积极的态度。森田博士曾说，这种治疗就是改变人生观。该疗法分为门诊治疗和住院治疗两种方式，门诊治疗一般每周1～2次，疗程2～6个月，主要针对一些症状较轻的患者。对门诊治疗疗效不佳的患者则需住院治疗，通常需要住院约50天。

### 4. 放松疗法

放松疗法又称放松训练，是一种源自古代的自我心身保健治病方法。各种放松疗法的共同特征就是在平静的意境中，用意念来放松情绪和骨骼肌。从现代心理生理学的观点来看，放松训练就是应用意志来改变自主神经系统的兴奋性。但不论何种方法，其核心就是"静""松"两字，即在安静的环境中，尽可能保持宁静的心境，用意念使情绪轻松和肌肉放松。

### 5. 音乐疗法

在古代，人们就已经注意到了音乐的治疗作用，而现代科学研究进一步表明：音乐可以通过神经系统调节大脑皮层，促使人体分泌一些有益于健康的生化物质，起到调节血流量与兴奋神经细胞的作用。欣赏音乐可以解除人在应激时所引起的不良心身反应，陶冶人的性情，改变人的性格和情感。

### 6. 催眠疗法

催眠疗法即采用催眠技术达到心理治疗效果的方法。单纯使用催眠术并不能达到治疗的目的，催眠治疗的基本条件是受术者容易接受暗示，这样在催眠后借暗示的作用，可解除患者的病痛，改变不良行为习惯等。催眠疗法的适应证包括①心理精神疾病，如癔症、疑病症、失眠、慢性疼痛综合征、神经症、性功能障碍等；②心身疾病，如哮喘、偏头痛、呃逆等；③对烟、酒的依赖等。催眠治疗应由受过专门训练的、合格的催眠医生施行。

### 7. 精神分析法

精神分析法由奥地利精神病学医生弗洛伊德所创立，即通过自由联想、释梦等心理分析技术使病人潜意识里的冲突上升至意识中，一旦病人领悟，疾病便会消退。新精神分析法则强调人际关系及人与社会的关系，治疗时采用更为自由的分析方法，主要着眼于目前的问题。

此外，对某些心理疾病还可以配合药物或手术治疗等生物医学疗法。

## 第三节　当代大学生的自我心理调节

### 一、心理调节涉及的方面

大学生正处于身心快速发展时期，他们独立性强，但自制力弱；情感丰富，但控制力差；追求新事物，但缺乏远大理想。因此，应随时随地加强自我心理的调节，以确保身心全面健康发展。在进行心理调节时可以从以下几方面着手。

#### （一）情感调节

大学生精力旺盛，情感丰富，情绪波动大，常常产生一些不良情绪，如果不良情绪所产生的能量难以释放出来，就会影响个体身心健康。因此，大学生要学会情感调节，使不良情感得到转化，即将不良情绪带来的能量引向比较符合社会规范的方向，转化为具有社会价值的积极行动。把大学生充沛的精力与丰富的情感引导上升为自我教育的动力，多参与大型集体活动，以此调节个人情感。

#### （二）理智调节

大学生往往好强气盛，在日常生活中易出现过于强烈的情绪反应，每当此时，人的思维就会变得狭隘、情绪难以自控而失去理智。因此，大学生要学会理智调节，无论遇到什么事情，产生什么情绪，都要唤回理智，用理智的头脑分析并进行解决，找出产生不良情绪的原因，从而保持心理平衡。

#### （三）心态调节

换一个角度看问题是保持良好心境的妙方。许多时候，烦恼来自不合理的认知角度。换一个角度看问题，会使人换一种心情感悟人生。积极的认知使人在看到事物不利的方面时，更能看到有利的一面。这种换一个角度看问题的方式，会使人看到希望，增强信心，保持乐观的心境。

生活就是一面镜子，保持良好的心境，生活就会充满阳光。能够控制的事情，我们要执着追求，而不能控制的事情就以顺其自然的心态去看待，不要太在乎一时的得失。如果一个人总是带着无奈、怀疑、忧虑的心情去生活，那无疑是在煎熬生命。

### (四)自我意识调节

自我意识使人能够认识和体验自己的情绪,同时也可控制情绪的变化。比如,一个人的政治意识、道德意识、公民意识以及角色意识等均可对情绪起到调节作用。因此,当自我意识失去控制时,就需要借助外力进行调节,使自我意识水平保持最佳状态,只有提高自我意识的支配能力,才能保证较高的自我意识水平,从而发挥正常的自我意识功能。

### (五)语言暗示调节

语言是人们用来彼此交流思想和情感的工具。大学生由于知识和阅历不断丰富,具有独立思维、独立意识能力,因而通过科学的运用语言暗示,可解决一些心理问题。

### (六)转移注意调节

转移注意力在心理保健中是必不可少的,当人心绪不佳,有烦恼时,可以外出参加些娱乐活动,换换环境,换个想法,因为新异刺激可以忘却不良的情绪。如果能有意识地强迫自己转移注意力,对于调节情绪有特殊的意义。例如,考完一门课,就不要再想考得如何不好、有什么问题,而应尽快将自己的注意转移,调节心理状态,以充沛的精力迎接下一门课考试。

### (七)合理宣泄调节

情绪有的可以升华,有的也不一定有必要升华,在适当的场合下,合理地宣泄一下自己的情绪,同样可以起到心理调节的作用。要学会合理宣泄情绪,首先要注意情感宣泄的对象、地点、场合、方式等,切不可任意宣泄,无端迁怒于他人或他物,造成不良后果。

### (八)交往心理调节

交往是人类不可缺少的社会性需要,它不仅是利益和物质的交流,也是情感与思想的交流。因此,当自己心情不愉快时,不妨向同学和朋友交谈倾诉一番,特别是向异性朋友倾诉,会产生良好的心理调节作用。美国心理学家调查研究表明,所有的人都可以在同异性倾诉中获得比同性倾诉效果更好的功效。

### (九)审美心理调节

爱美之心人皆有之,只有人人追求美,社会才显得更富有活力。大学生正处于身心发育阶段,在学习的同时,也会注重美的"猎取",因此应加强对内在美与外在美的调节只有高尚的心灵与美好的外部形体相结合,才能形成不俗的气质和高雅的风度。

## 二、大学生常见心理问题的自助解决方法

### （一）特别想家时

家是感情的重要寄托，当远离亲人时，每个人都会产生想家的情绪。特别是大学新生，往往是平生第一次离家，还不适应，而且是来到一个完全陌生的地方，举目无亲，想家的情绪更加强烈。想家是正常的，但如果因想家的情绪太强烈而影响了正常的工作学习就要自觉加以调节。

#### 1. 宣泄法

当思念过于强烈时就不要压抑，同亲人通个电话、唱唱思乡歌曲、做做运动或者索性大哭一场等都是宣泄思念之苦的有效渠道。

#### 2. 移情法

早日建立同新集体、新朋友的情感联系，使注意力和情感转移，是缓解想家情绪的根本途径。

#### 3. 时间控制法

规定好在每天固定的时间段专门进行和想家有关的事，如独自回忆、写家信、打电话等，其余时间则从事其他事情，一有想家的念头就强迫自己将之驱散。

### （二）内心孤独时

人是社会性的动物，有爱和归属的需要。一个人既需要爱别人，也需要得到别人的情感接纳，否则就会产生孤独感。孤独感带给人的痛苦是异常巨大的。大学生内心很容易产生孤独感，最主要是由于感情脆弱、自我保护意识强，从而内心闭锁，与他人在情感上产生疏离造成的。因此，摆脱孤独感的根本途径是解除闭锁，开放内心世界，和他人建立情感联系。可以通过以下方法进行调节。

#### 1. 主动解锁法

放松防范意识，放下不必要的自尊心和架子，对他人（特别是一起生活、学习的同学）抱有兴趣和爱意，主动关心他人，向他人袒露内心世界，交流思想和情感。

#### 2. 避免独处法

尽量不要让自己一个人独处，一旦发觉自己成了一个人，就要马上找个

人做伴。当然,能经常组织和参加一些集体(特别是小型集体,如宿舍、小组等)活动就更好。

### (三)情绪不稳定时

在日常生活中,情绪的激烈变动是不多的。大多数时间,人们的情绪一般会保持一个相对稳定的状态,心理学中称为心境。能否保有稳定而持久的愉快心境和一个人的世界观、人生观是否积极健康,是否有明确的人生目标和充实的生活内容,人际关系是否和谐,自我意识和人格是否健全等许多因素都有关系,因此,有个好心情的根本途径在于实现心理健康。以下这些小的技巧也可以给人带来帮助。

**1. 音乐疗法**

常听一些旋律优美、节奏明快的音乐,对保持心情愉悦大有帮助。

**2. 对镜而笑法**

早晨起床后、出门前,及在任何心情开始不好的时候,马上对着镜子,强行做个笑容。

### (四)因失恋而感到痛苦时

为失恋而痛苦是正常的。但是应该明白几个心理规律:①并没有什么感情是永恒不变的,来了的可以去,去了的还可以来,爱情也一样;②人类的感情需要是多方面的,失去爱情还有亲情、友情、团队之情在,它们更需要我们珍惜;③人类消化痛苦的能力是相当强大的,大多数人对失去亲人的痛苦都能很快适应,失恋亦是如此。

**1. 躲避法**

短期内,尽量不要再见到失恋对象。

**2. 宣泄法**

把心中的痛苦合理宣泄出来,向亲人或朋友诉说出来。

**3. 时间法**

只要不去想着轻生或报复,稍微忍耐下去,会发现时间可以抚平一切。

**4. 反向认知法**

要想想失恋的"好处":失恋证明你们的感情条件并不成熟,你和他(她)并不合适。因此,早失恋可以避免晚分手的更大痛苦,所以要为失恋庆幸。

**5. 心像转移法**

把爱情故事和所有心情写出来,然后同所有和这段感情有关的东西一起收藏起来。

### （五）接受不了别人的批评时

一般人都有爱面子的心理，这是自尊心的作用。自尊心是自我意识和健康人格的基础，人人都需要自尊。但是，如果对自尊的需求过了头，时时处处都需要别人尊敬你，只爱听夸奖不愿听批评，对伤害自己面子的任何一点小事都要斤斤计较，就成了一种心理偏差。从另一个角度说，这样的"自尊"过分依赖"他尊"来维持，实质上是自卑的表现。

#### 1. 自嘲法

对于没必要计较的批评或攻击，可以说一句"我就是这样的，不也挺好吗"，一笑置之。

#### 2. 事实标准法

要养成一切以事实为依据的思维习惯。无论听到别人批评还是夸奖，首先要想一想，那是否符合实际。如果不符合实际，夸奖的话再好听也不必太得意；如果符合实际，批评的话再难听也要虚心接受，而不要生气。

### （六）因没有特长而感到自卑时

渴望优秀是一种正常的心理动力，每个人都应该不断追求优秀。但是，如果过于期望自身各方面都优秀，并为不能达到这一目标而感到自卑，就成了完美主义者。这种倾向对个人发展是不利的。烦恼可能也与此有关，因为完全没有短处的人是不存在的。

#### 1. 优点调查法

俗话说"旁观者清"，向周围的人发放"我有何特长或优点"调查问卷，通过别人的眼睛，肯定会发现自己的优点和特长。

#### 2. 及时学习法

没有谁的特长是天生的，而都是自觉不自觉通过学习和锻炼获得的。因此，不必自卑，希望自己有什么特长，就马上行动，有目的地学习锻炼。

### （七）因遭受打击或失败而感到挫败时

挫折感是指人们因愿望没有实现，目标没有达到而产生的紧张状态及沮丧、抑郁苦闷、悲伤等情绪反应。生活不可能一帆风顺、事事如意，因此挫折感几乎是人人都要体验的。关键是如何尽快从挫折感的阴影中走出来。

#### 1. 宣泄法

通过哭喊、运动、找人倾诉等合理途径把心中的郁闷和苦恼宣泄出来，对恢复心理平衡有很大的帮助。

**2. 与往事干杯法**

暂时回避一下引起挫折的事情,放一放,冷一冷,有助于恢复个人心情。必要的话,干脆放弃这些事情,从事一个新的活动,使自己没有余暇和心思来回顾既往,把往事逐渐淡忘,也是一个好方法。

**3. 成功之母观念法**

牢记"失败乃成功之母"的古训,不要被情绪过多影响,而是要冷静、理智地分析产生挫折的原因,总结经验教训,积极寻求战胜困难、达到目标的新途径。

### （八）不知如何拒绝别人的追求而烦恼时

爱是双方的事,因此每个人都有拒绝的权力,完全可以理直气壮地拒绝对方。可更常见的情况是一个人想拒绝却又下不了最后的决心。造成这种心理的原因有几种：一是觉得被人爱着是一件值得骄傲和开心的事,担心拒绝后自己会失落,因此舍不得拒绝,这是虚荣心在作怪；二是担心拒绝会伤害对方,因此不忍心,这是缺乏决断力的表现。这两种情况都是不合适的,最终会既害了对方也害了自己。因此,果断拒绝是最明智的选择。

**1. 冷淡法**

不再理睬对方,对方一般会知趣而退。

**2. 直接拒绝法**

选择恰当的场合（要注意不要当着其他人的面）,用明白、礼貌的语言告诉他（她）,你不能接受（如："谢谢你对我的关心,但是对不起,我的确不能接受"）。

**3. 委婉拒绝法**

找一些借口,如"我大学期间没有谈恋爱的打算""我已有心上人"等。

### （九）因没有明确的人生目标而感到迷惘时

人和动物最大的不同就是人是有意识地生活的,因此人就需要为自己的人生设置一个目标。没有明确的人生目标,人就会像迷失了方向,感到迷惘、困惑和不安。明确自己的人生目标,是大学生自我意识发展的一个重要内容。

**1. 社会实践法**

人生目标不是空想出来的,而是在足够的人生经验和对社会充分了解的基础上,结合自己的兴趣、爱好、特长、动机和客观条件等,经过不断思考、选择逐渐确立的。许多大学生人生目标不明确，正是由于人生经验不够、对社会了解不足造成的，因此走出校园封闭的围墙，通过各种途径充分了解社会、体验生活、增长阅历，是确立人生目标的必由之路。个别同学越是迷惘越把自己封闭起来，不愿意进行积极的人生尝试，这种做法是不利于心理健康的。

### 2. 阶段目标法

如果一时无法确定长远目标，可以根据目前最应该做或最想做的事，给自己先确立一个短期目标（一年、两年或五年）。阶段目标的实现，会大大促进长远目标的形成。切忌因目标不明而混日子，得过且过。

## （十）因家庭经济状况不如别人而感到自卑时

人人都喜欢富裕而不喜欢贫穷。当发现自己的经济状况和他人差距较大时，人都会感到一些不平衡和不快乐，这是一种很正常的心理现象。但是如果这种心理超出一定的限度，导致了自卑心理，就成了一种偏差，要想办法矫正。

### 1. 认知调节法

要纠正"金钱决定身份"的错误观念，认识到贫穷并不是耻辱，为贫穷而自卑事实上是软弱和有失尊严的表现，从而坦然地接受这个现实，进而树立"人穷志不穷"的自信心，把目光放远，把精力放在自强不息、努力奋斗上。

### 2. 目标转移法

虽然经济不富裕，但是一个人在其他方面（如人品、才华、能力等）一定有富裕的地方，找到这些地方，并力争在这些方面表现得更加优秀。

# 三、大学生心理危机的觉察与自助处理方法

## （一）什么是心理危机

心理危机是指人心理所处的紧急状态。当遭遇重大问题或变化，个人感到难以解决、难以把握时，心理平衡就会被打破，正常的生活受到干扰，内心的紧张情绪不断积蓄，继而会无所适从甚至思维和行为变得紊乱，引起心理的混乱、不安。危机出现是因为个体意识到某一时间和情景超过了自己的应付能力，而不是个体经历的事件本身。

当个体面对危机时，会产生一系列身心反应，一般危机反应会维持6～8周。危机反应主要表现在生理上、情绪上、认知上和行为上。

生理方面：肠胃不适、腹泻、食欲下降、头痛、疲乏、失眠、做噩梦、

容易受惊吓、感觉呼吸困难或窒息、哽塞感、肌肉紧张等。

情绪方面：害怕、焦虑、恐惧、怀疑、不信任、沮丧、忧郁、悲伤、易怒、绝望、无助、麻木、否认、孤独、紧张、不安、愤怒、烦躁、自责、过分敏感或警觉、无法放松持续担忧、担心家人健康、害怕染病、害怕死去等。

认知方面：注意力不集中、缺乏自信、无法做决定、健忘、效能降低、不能把思想从危机事件上转移出来等。

行为方面：呈现反复洗手、反复消毒、社交退缩、逃避与疏离、不敢出门、害怕见人、暴饮暴食、容易自责或怪罪他人、不易信任他人等行为现象。

心理学研究发现，人们对危机的心理反应通常经历四个不同的阶段。首先是冲击期，发生在危机事件发生后不久或当时，感到震惊、恐慌、不知所措。其次是防御期，表现为想恢复心理上的平衡，控制焦虑和情绪紊乱，恢复受损害的认识功能。再次是解决期，积极采取各种方法接受现实，寻求各种资源，努力解决问题，减轻焦虑，增加自信，恢复社会功能。最后是成长期，经历了危机，人变得更成熟，获得应对危机的技巧。但在面对危机时，也有人消极应对而出现种种心理不健康的行为。

大学生常见的心理危机有成长危机、人际关系危机、就业危机、学业与经济危机、情感危机等。

### （二）大学生心理危机自助处理方法

处于危机中的当事人，注意力明显不集中，可能会忽略一些明显的事情，包括对自身可利用的资源的忽略。自助的目的在于，从自身的角度出发解决危机，调整情绪，使自身的功能恢复到危机前。

#### 1. 寻求帮助

改变境况的第一步就是要充分了解问题之所在。自然个体在危机中会陷于莫名其妙的恐惧和不知所措的境地，不知道发生了什么事，也不知道将要发生什么事，但是可以肯定的是，那些过去有类似经历的人能够从其经验中得到帮助，处在危急中的人可以向有经验的人和危机处理专家请教。对在校的大学生而言，寻求学校心理咨询机构的帮助是一种比较好的方式和有效的途径。

#### 2. 积极调整情绪

危机的出现会带来紧张和沮丧的情绪。众所周知，这些情绪反应不仅有内在的、强烈的不适感，而且消极的挫折体验将使危机进一步恶化。因此，调整情绪的中心环节，就是要培养承受这些痛苦感受的能力。人们可以通过调整情绪，使诸如焦虑导致恐慌、沮丧进而导致失望等情绪的恶性循环得到控制。当危机超出我们的控制及我们无力改变外部事物的时候把握自己的情绪尤为重要。此时，将注意力集中在调整自己的情绪上，将会取得很好的效果。

**3. 暂时避免做出重大决策**

处于危机中的个体，处理问题的能力比平时要低。由于个体受到问题和情感的双重干扰，收集信息和处理信息的能力也受到一定的限制。也就是说，个人不会对面临的问题进行深入的分析，掌握的信息量又太少，无法作出正确的决策，个人虽然很想摆脱危机，努力寻找一切解决问题的办法，但危机的无法控制往往使个人无功而返，甚至造成更大的伤害。在危机时期，避免作出重大的决策，有利于个人的自我保护，以免再次受到伤害。

### （三）让心灵快乐的养生法则

**1. 学会说不**

航空公司告诉人们一旦发生危险，先戴上氧气罩再去帮助旁边的人是正确的，这不是自私，而是自我保护。在日常生活中帮助别人也是一样，但是有时候太多的给予只会被白白浪费，无法对任何人产生好处。

当明白这点时，人们应该坚决对某些浪费时间的无谓请求说"不"。要为自己腾出时间来培养兴趣爱好，总之是做一些让自己开心的事。那么当个人有能量的时候，将是一个更有力的贡献者。因此，无论是参加集体活动、晚饭后出去散步、早上起来游泳、在家中读报纸还是做其他一些自己感兴趣的事情，都会使你重新焕发光彩。

要学会减轻自己的压力，"你应该"必须被更多的"我想要"来代替，应该这样想：只有自己足够强大了才能帮助别人。内心与外在是同样重要的。要时刻谨记自己的底线，只有心情愉悦才能身心健康。

**2. 给自己空间和时间**

无论周围有多少人，每个人每天都需要有独立的时间来调整自己。时间是给自己的唯一礼物，这个礼物可以使人更加快乐，忘却痛苦。它不会花费人们任何东西或要求人们去任何地方。

当然最重要的还是要知道什么能使自己快乐，无论是自己的兴趣，还是与喜欢的人分享经历，抑或是去安慰别人。无论是什么，只要是能让自己感到快乐的，就要在上面投入更多的时间。

**3. 发生冲突没有关系**

有一件事情我们需要学会：当朋友生你的气或者你生朋友的气时（或者

你与同事就某一问题有不同意见时），最艰难的事情就是把那人叫出来，然后一起讨论这个问题。但是，一旦这样做了，就会感觉释然。毕竟意见不合是少数，还是有很多共同点的。关键是有争议的时候也要找出哪些地方是不可调和的。

　　研究表明人际关系中与朋友沟通尤其重要。不需要完全与朋友相同，可以通过沟通与朋友保持不同意见。当有不同意见时两人可以向彼此学习，也可以一笑而过。冲突是正常的，它是我们生活中的一个部分。

# 参考文献

[1] 贾强,包有或.大学生就业创业指导[M].北京：中国医药科技出版社,2017.

[2] 周有波,刘传波.大学生职业发展与就业指导[M].济南：山东人民出版社,2016.

[3] 贾辉,张永峰,陈剑锋.大学生职业规划与就业指南[M].北京：石油工业出版社,2015.

[4] 王虎平,宋继革,苗书宾,等.大学生就业与创业指导[M].武汉：武汉大学出版社,2014.

[5] 许蕾.大学生就业心理健康教育的途径[J].中国市场,2017（21）.

[6] 易丽.大学生就业心理问题分析及对策[J].沈阳大学学报（社会科学版）,2017（01）.

[7] 冯鹏飞.大学生就业心理健康教育途径及方法研究[J].中国培训,2016（16）.

[8] 尹航.大学生就业心理健康教育的途径及方法[J].产业与科技论坛,2016（21）.

[9] 于天红,梁明辉.新常态背景下大学生心理健康与生涯发展态度的关系[J].中国农村卫生事业管理,2016（07）.

[10] 谢淑华,史晓靖,魏改然.心理健康教育在大学生就业能力提升中的作用[J].经贸实践,2016（01）.

[11] 廖芳芳,蔡庆丽.大学生健康人格对就业心理的影响及其培养[J].桂林师范高等专科学校学报,2016（01）.

[12] 廖文婷,张普.新形势下大学生就业心理健康教育问题的探讨[J].当代教育理论与实践,2015（08）.

[13] 胡昌林.新时期大学生就业心理问题与对策研究[J].东方企业文化,2014（23）.

[14] 王丽丽，王茂清.心理健康教育工作促进大学生就业目标实现的途径[J].太原城市职业技术学院学报，2014（11）.

[15] 巩雪雪.大学生就业心理问题及调适[J].教育教学论坛，2014（33）.

[16] 李黎.加强心理健康教育在大学生就业指导工作中的作用[J].中国校外教育，2014（03）.